사랑의 송가頌歌

사랑의 송가頌歌

2024년 9월 25일 교회 인가
2025년 2월 22일 초판 1쇄 펴냄

지은이 · 김창렬
펴낸이 · 정순택
펴낸곳 · 가톨릭출판사
편집 겸 인쇄인 · 김대영
편집 · 이현주, 김소정, 강서윤, 김지영, 박다솜
디자인 · 정진아, 정호진, 강해인, 이경숙
마케팅 · 임찬양, 안효진, 황희진, 노가영

본사 · 서울특별시 중구 중림로 27
등록 · 1958. 1. 16. 제2-314호
전자우편 · edit@catholicbook.kr
전화 · 1544-1886(대표번호)
지로번호 · 3000997

ISBN 978-89-321-1943-4   03230

값 14,000원

ⓒ 김창렬, 2025.
성경 ⓒ 한국천주교중앙협의회, 2024.

이 책은 저작권법에 의해 보호를 받는 저작물이므로 무단 전재와 무단 복제를 금합니다.

가톨릭의 모든 도서와 성물, 디지털 콘텐츠를 '**가톨릭북플러스**'에서 만날 수 있습니다.
https://www.catholicbookplus.kr | (02)6365-1888(구입문의)

金昌烈 語錄

사랑의 송가 頌歌

김창렬 주교 지음

가톨릭출판사

일러두기

어린아이처럼 주님과 더 가까워지고 싶어하는 저자의 뜻에 따라, 하느님과의 대화문이나 기도문, 가까운 대상에게 말하는 경우, '저', '저희'라고 하는 대신 '나', '우리'를 사용하는 저자의 표현을 그대로 살렸으며, 〈사랑의 송가〉(본문 115쪽)에서 '주여'라고 되어 있는 표현도 그대로 살렸음을 밝힙니다.

머리말

  2018년에 출판한 《못다한 이야기》에서 하고 싶은 말을 거의 했지만, 그럼에도 미흡함을 느껴 보충하고자 또 하나의 책을 내놓습니다.

  이번 《사랑의 송가》는 그동안 제가 틈틈이 묵상하며 쓴 글입니다. 이 글을 조용히 간직하는 것만이 능사가 아님을 깨달았기에 세상에 내놓게 되었습니다. 좋은 것은 사랑하는 사람들과 나누는 것이 인지상정 아니겠습니까?

  하느님께서는 부족하고 단점 많은 저를 무한한 사랑과 은혜로 지금까지 이끌어 주셨습니다. 백수白壽를 앞두고 이 무한한 주님의 사랑을, 세상을 살아가느라 피곤한 길손인 여러분에게 전하고 싶습니다. 그 피로를 조금이나마

덜어 드리고 여러분이 기쁘게 사시길 바라는 마음에서 이 책을 내놓는 것이니 널리 헤아려 주시기 바랍니다.

끝으로, 이 졸저의 출판 비용을 전적으로 부담하신 한국병원의 한경훈 요셉 원장님께 깊이 감사드립니다. 그분은 두말할 나위 없는 저의 은인이며 이 책을 읽는 모든 독자의 은인이기도 합니다. 한 원장님께서 이 감사 인사를 너그러이 받아 주셨으면 하는 바람입니다.

또한, 이 책의 출판을 위해 애써 주신 가톨릭출판사와 현순심 다리아님의 크나큰 도우심에 대해 감사의 마음을 전합니다. 이 감사의 마음은 결코 잊을 수 없을 것입니다.

맨 마지막으로 마땅히 말씀드려야 하는 것은 이 출판에 관한 모든 일을 주관하신 '하느님의 무궁무진한 섭리'라 하겠습니다.

그 섭리의 주인이신 하느님, 이제로부터 영원무궁이 찬미와 영광 받으소서.

> 백수白壽를 맞으면서
> 제주 새미 은총의 동산에서
> 김창렬 주교

차례

제1부 · 사랑하는 그대와 나누고 싶은 이야기

주시는 하느님	15
예수 성탄에 받은 특은	16
예수님과 잔치	17
나의 유머 감각	18
지복직관	19
하느님으로부터 받은 새날	20
도道를 구하는 마음	21
사랑의 신비	22
나의 운명의 주인이신 하느님께	23
의미 없는 인생	24
인간의 운명	25
나는 그런 사람이 아니다	26
하느님의 모순과 부조리	28
하느님의 사랑과 자유	30
겸손은 만덕의 어머니	32

요셉 성인을 기리며	33
편애	36
같은 피	38
낮추고 더 낮추기	40
완전한 위탁	41
꼴찌는 첫째로, 첫째는 꼴찌로	43
나는 죄인이다	45
무(無, 0)	47
보편애	49
놀라운 일	51
사랑하는 그대와 나누고 싶은 이야기	54
눈물	57
하느님 사랑의 전령들	59

제2부 · 사랑의 송가

경이감	65
극존칭과 극비칭은 한 가지	67
고통과 기쁨을 수반하는 십자가	69
먼저 간 친구를 그리며	73
진짜 인생	76
못 말리는 하느님의 사랑	78
무한하신 주님의 사랑	81
부정否定의 길은 나의 길	84
영원한 도움의 성모님과 나	89
늙고 보니	92
전화위복	96
그리운 나의 주님	101
믿음과 은총으로	110
주님이 주신 특혜	113
사랑의 송가	115
진짜 행복	117
굴레에서 벗어나기	118
꿈이면 깨지 마라	119
나는 고령자(지금으로부터 20년 전 이야기)	121

제3부 · 남기고 싶은 글

감사는 나의 성소	127
감사와 사과(퇴임 감사 미사)	137
당하는 때, 구원을 위한 시간(금경 기념 미사)	145

사랑하는 그대와
나누고 싶은 이야기

주시는 하느님

하느님의 본성은 주시는 것이다. 하느님은 주시되 부스러기가 아니라 옹골진 것을, 흠 있는 것이 아니라 온전한 것을 주신다. 잡물이 끼어 있는 것이 아니라 순수한 것을 주신다. 주님은 일시적인 것이 아니라 영원한 것을 주시는 분이다. 비록 우리의 유한성으로 인해 모든 것에는 한계가 있다고 여기지만 실제로는 광대무변한 것이다. 영원하신 하느님께서 주시는 것은 당연히 영원한 것이다.

예수 그리스도는 내게 가장 좋은 것, 가장 가치 있는 것을 주신다. 당신의 생명을 담보로 주시는 것이기에 최고, 최상의 것이다. 그런데 이 길에는 당연히 십자가가 들어 있다. 예수님은 내 등에 그 십자가를 얹어 놓고 나를 데리고 가신다. 나로서는 모든 잡념을 버리고 온전히 그분이 이끌어 주시는 대로 따르며 나의 전 존재를 내어 드리기만 하면 되니 이 얼마나 편하고 쉬운 일인가!

예수 성탄에 받은 특은

2021년 주님 성탄 대축일을 맞이하여 주님께서 내게 다음과 같이 일러 주시는 말씀을 들었다.

"내가 너희를 구원하러 세상에 내려왔을 때, 사람 사는 집에 머물 곳이 하나도 없어서 짐승 우리에서 태어났고 그것들의 여물통에 누워 있었다. 이것을 묵상하도록 하여라."

구주 성자께서 이 세상에 탄생하셨을 때, 하느님 대접은 고사하고 인간 취급도 받지 못하시어 낮은 모습으로 내려앉으셨는데 나는 어떤가? 아, 나는 한낱 인간이면서 과분하게 주님 대접을 받아 온 것이 사실이다. 이 얼마나 큰 모순이며 부조리인가! 사람으로 태어나신 주님께서는 나에게 이 진실을 깊이 깨닫게 하시면서 내 전 존재를 흔들어 놓으셨다. 나는 앞으로 이 진실에 감싸여 살아야 하리라.

예수님과 잔치

혼인 잔치는 예수님께서 당신의 가르침에 쓰신 귀중한 도구다. 교회는 그 창설자의 길을 따라 혼인 잔치의 비유를 들어 신앙을 가르친다. 즉, 신자들은 모두 혼인 잔치의 손님임을 일깨워 주는 동시에 현세의 잔치는 영원한 천상 잔치의 예표라는 것이다. 그러므로 혼인 잔치는 잠시 지나가는 현세의 잔칫상에서 내세로 영원히 이어질 잔칫상으로 옮아가는 것이다.

성경에는 잔칫집 이야기로 가득 차 있다. 잔치 개념이 신앙생활에 중요하기 때문이다.

잔치란 무엇인가? 그것은 경축하고 즐기는 축제다. 그리스도인의 신앙생활은 지속적인 축제요, 즐김이라고 할 수 있고, 또 그래야만 하는 것이다!

나의 유머 감각

나는 천부적인 유머 감각을 지녔다. 나는 이 점을 자랑스럽게 생각한다. 유머는 나의 생활을 부드럽게 하는 윤활유 역할을 한다. 복잡다단한 어지러운 현실과 자신도 모르게 굳어 버리게 되는 상황에서 벗어날 수 있는 출구가 유머다.

나는 하느님의 장난감임을 자처한다. 하느님 앞에서 철없이 재롱을 부리는 나의 모습을 보곤 한다. 하느님께서도 제멋에 겨워 마음 놓고 뒹구는 나를 보고 기뻐하실 것이다.

유머 감각은 나를 무한히 사랑하시는 하느님이 나에게 주신 참으로 소중한 보물이다.

간절히 청하건대 하느님, 당신이 주신 유머 감각으로 내가 당신을 영원히 찬미하고 당신께 영광을 드리게 하소서.

지복직관

인간은 운명적으로, 또는 창조주의 섭리에 따라 이율배반적인 상황에 놓이게 된다. 한 사람은 그리운 자기의 고향 집을 찾아가는데, 다른 사람은 영원한 집인 하늘나라를 바라보며 찾아간다. 그 둘은 서로 다른 길을 가는 듯 보이지만 실은 같은 길, 곧 지복직관을 찾아가는 길손으로서 어깨를 나란히 하고 걷는 사람들이다.

"모든 길은 로마로."라는 격언과 마찬가지로 모든 인생의 행로는 창조주이신 하느님께로 향하고 있기 때문이다. 이는 하느님께서 모든 것을 당신께로 집중시키기 위해 쓰시는 수법이라 해도 과히 진리에서 멀리 떨어진 말이 아닐 것이다.

하느님으로부터 받은 새날

 하느님으로부터 새날을 수없이 받다 보니, 어느새 나의 이 희귀한 장수의 은혜를 아무 감흥 없이 당연한 것으로 여기게 되었다. 말하자면 만성이 되고 내성이 생겼다고 할 수 있다.

 부끄럽지만 이러한 사실을 사랑하는 분들 앞에 실토하니 주님께서는 이러한 나를 헤아려 받아 주셨으면 하는 마음이다.

도道를 구하는 마음

백수白壽를 눈앞에 두고, 일생 동안 사용하여 노후된 내 몸을 힘없이 바라보며 서글퍼할 때, 내 오장육부의 제작자이신 하느님께서 맥 풀린 나의 꼴을 보시고 다음과 같이 이르신다. "내가 하는 말을 믿고 힘을 내라."

과연 인간이 도道를 구하는 마음은 걷잡을 수 없이 자라나 힘 있게 팽창하는 법인데 이러한 일은 기도를 바칠 때나 미사를 봉헌할 때에 비로소 풀리게 된다.

우리가 쉴 새 없이 이를 온 마음과 온몸으로 느끼면서 살아가야 함을 힘주어 강조하고 싶다. 이 글이 독자들에게 깊이 와닿기를 바라며, 마음을 내려놓는다.

사랑의 신비

하느님은 사랑하고 그리워하는 사람의 심정을 잘 아신다. 그 사랑의 대상이 하느님 자신이 되실 때에는 더 말해 무엇하랴! 하느님 자신이 그 대상이 되시니 모르실 리가 있겠는가? 더욱이 당신을 사랑하고 그리워하도록 하신 분이 다름 아닌 바로 하느님 자신이시니 묻지 않아도 알 수 있지 않겠는가? 인간의 사랑이 신비로울진데 하느님과의 사랑은 두말하면 잔소리가 되지 않겠는가?

사랑의 세계는 참으로 신비롭다. 사랑을 말하기만 해도 신비감이 그 사람을 휘감는다.

나의 운명의 주인이신 하느님께

나를 만드시고 살려 주시는 내 운명의 주인이신 하느님, 얼마 남지 않은 내 생의 끝머리를 아름답게 꾸미고자 하오니, 이러한 나의 청을 너그러이 용납하여 주시면 이보다 더한 기쁨과 행복이 없으리이다.

나의 하나뿐이요, 전부이신 하느님을 뵈올 날이 가까워진 이때, 기쁨과 희망에 넘쳐 당신을 온전히 그리고 끝없이 뵈올 날을 기다리는 일 외에 다른 무엇이 내 안에 남아 있으리까?

일각이 여삼추*로 그날과 그때를 기다리는 은총을 너그러이 베풀어 주옵소서! 아멘!

---

* 일각一刻이 여삼추如三秋: 아주 짧은 시간도 3년같이 길게 느껴진다는 뜻으로 간절한 기다림을 의미한다.

의미 없는 인생

주님을 찾아볼 수 없는 나의 인생은 존재할 수 없다. 만약 그러한 인생이라면 나는 알맹이 없는 빈 껍데기일 터인데 그러한 인생은 도대체 있을 수 없는 허구요, 허상일 뿐이리라. 말뿐인 그 무엇에 지나지 않을 것이다.

인간의 운명

 인간은 영생을 눈앞에 두고 걸어가는 나그네다. 하느님께서는 인간의 눈앞에 그 목표를 드러내 보이시며, 인간이 그것을 얻어 누릴 때까지 그로 하여금 힘을 다하여 찾게 하신다. 그리고 그렇게 하는 것을 인간의 운명이 되게 하셨다. 그러기에 인간은 자신이 추구하는 것을 이미 차지했다고 볼 수 있다.

나는 그런 사람이 아니다

 사랑하는 내 친구야, 너는 나를 어떻게 보느냐? 혹 내가 주교라고 하여 나를 일반 신자나 신부들보다 높다고 생각할지도 모르겠다. 그렇다면 그것은 크게 잘못된 생각이다. 나도 그들과 같이 평범하고 단순한 존재이며 한 걸음 더 나아가 그들보다 못해도 훨씬 못한 미물이라는 것을 알아 다오. 믿든 안 믿든 나는 그러한 존재다. 가식 없이 솔직히 하는 말이니 믿어 다오.

 주님께서는 나의 그러한 생각에 쐐기라도 박듯이 나를 모든 면에서 볼품없이 만드셨는데 그중 하나만 공개하겠다. 주님께서는 나를 나면서부터 사시, 곧 사팔눈으로 만들어 주셨다. 이러한 점 때문에 어떤 이들은 나를 열등감에 사로잡힌 사람으로 생각할 수도 있겠지만 아, 천만에! 오히려 나는 그것을 자랑스럽게 여기게 되었다. 이에 대하여 나의 수호성인이신 바오로 성인의 말씀을 들어보아라.

"내가 자랑해야 한다면 나의 약함을 드러내는 것들을 자랑하렵니다."(2코린 11,30), "나는 그리스도를 위해서라면 약함도 모욕도 재난도 박해도 역경도 달갑게 여깁니다. 내가 약할 때에 오히려 강하기 때문입니다."(2코린 12,10) 이 외에도 더 있다.

이와 같이 바오로 성인은 자기의 사상과 신념을 드러내 보이셨는데 이처럼 나도 나의 수호성인인 바오로 성인을 본받아 나의 약점을 숨기지 않고 오히려 널리 알리고 자주 자랑하며 살게 되었다.

하느님의 모순과 부조리

하느님은 인간의 이성을 초월하신다. 인간의 처지에서 보면 하느님은 모순과 부조리의 존재이시다. 인간의 눈에는 세상사와 인간사가 모순과 부조리투성이인데 이것이 하느님의 섭리에 의한 것이라니 의문이 들지 않는가?

이에 대하여 의문이 들거나 마음이 불편한 사람은 이것을 알아야 한다. 곧 하느님의 모순과 부조리는 오로지 인간을 구원하기 위한 그분의 사랑에서 비롯되었다는 점이다. 인간의 이성으로 냉혹하게 판단한다면 구원받을 사람이 하나도 없음에도 말이다.

다른 무엇에 앞서, 하느님께서 사람이 되신 일이 그분의 모순과 부조리를 말해 준다. 더욱이 말이 안 되는 것은, 하느님이 인간의 사형 언도를 받고 십자가형에 처해지신 일이다. 묵주 기도에서 '고통의 신비'를 보면 하느님의 모순과 부조리를 깨닫지 않을 수 없으리라.

나는 나 자신을 하느님의 그 모순과 부조리의 최대 수혜자로 여기며 살아가고 있다. '아, 고마워라!' 하느님의 모순과 부조리 덕분에 영생에 대한 희망을 가슴 벅차도록 안고 살 수 있게 된 것이다.

하느님의 사랑과 자유

하느님은 무한한 사랑과 자유를 지닌 분이시다. 그런데 그분을 창조 사업을 하실 수도, 하지 않으실 수도 있는 자유를 지닌 분으로만 생각하면, 그분의 사랑은 제한을 받게 된다. 그러나 하느님의 사랑은 무한하기에 그분은 창조 사업을 하실 수밖에 없다. 창조 사업은 절대로 하느님의 심심풀이가 아니다. 그분의 넘쳐흐르는 사랑에서 절로 우러나오는 하나의 필연이다. 하느님의 창조 사업은 그분의 무한한 자유와 그분의 무한한 사랑이 온전히 합치된 사업이다.

하느님의 구원 사업도 마찬가지다. 죽음의 그늘 밑에 앉아 있는 인류는 하느님의 무한한 사랑으로 구원을 받게 되었다. 그것은 하느님의 본성에 따르는 자연적이며 필연적인 요소다. 하느님의 사랑은 영원히 넘쳐흐르는 힘인 것이다.

하느님께서는 당신의 무한한 사랑과 자유가 온전히 일치하는 가운데 나를 내셨고 또 구원하셨다. 나는 내가 그러한 존재임을 온몸과 온 마음으로 느끼며 살고 있다.

겸손은 만덕의 어머니

겸손은 참으로 갖추기 힘든 성덕이다. 모든 거짓의 원천이며 조정자인 악마가 가장 싫어하는 덕이기 때문이다. 인간과 마찬가지로 악마는 가장 강한 것을 노린다. 따라서 겸손하려는 사람을 목표로 삼는다. 악마는 그 사람을 꼬드겨 겸손을 가장하게 하고 혼미에 빠뜨린다. 그로 하여금 이러한 생각과 말을 하게 한다. "하느님께서는 내게 가장 희귀한 덕을 주셨는데 그것은 바로 내가 지니고 있는 겸덕이다." 믿건대 여러분은 이 말의 뜻을 알아들으리라.

인간을 하늘나라로부터 멀리 떼어 놓는 가장 흉악한 원수는 교만이요, 그 반면에 하느님과 그분의 나라에 가장 가까이 다가가게 하는 것은 다름 아닌 겸손이다.

요셉 성인을 기리며

　요셉 성인은 오래전부터 늘 수염을 기른 영감으로 표현되었다. 실제로 팔과 다리가 건장한 젊은 목수일 수도 있는데 말이다.

　요셉 성인이 마리아와 약혼하여 가정을 꾸미려는 큰 꿈을 지니고 앞날의 가정생활을 설계하고 있을 때, 마리아가 잉태한 것이 드러났다. 이에 몹시 슬퍼하며 마리아와 파혼하기로 결정했을 때 불현듯 천사의 명령이 떨어졌다. 요셉 성인은 그 명령에 순종하여 즉시 마리아를 아내로 맞아들였다. 요셉을 마리아와 아들 예수를 지키기 위한 버팀목으로 쓰시려는 하느님의 계획에 따라 명목상의 남편이며 아버지가 된 것이나. 그러나 그분은 명목상에 그친 것이 아니라 실제로 남편과 아버지로서 자신의 전부를 바쳤다.

　그분은 가라 하면 가고, 오라 하면 오는 사람이었다. 아기와 아기 어머니를 데리고 이집트로 가라고 천사가 명령하자 지체하지 않고 그들을 데리고 이집트로 갔고, 고국으로 돌아가라 하니 돌아갔다.

하느님께서는 이런 그의 공로를 갚아 주시어 행복한 죽음을 허락하셨다. 곧, 아들 예수와 배필 마리아의 축복 속에 하느님께로 올라가게 하신 것이다. 그리고 그를 임종하는 사람의 수호자로 세우시어 대대손손 영원히 그의 도움을 받게 하셨을 뿐만 아니라 당신 교회의 수호자로 삼으시기까지 하셨다.

또한 요셉 성인에 대한 신심이 깊었던 성 요한 23세 교황으로 하여금 미사의 '감사 기도'에 요셉 성인의 자리를 마련하게 하셨다. 그래서 '복되신 동정 마리아' 다음에 '그 배필이신 성 요셉'이라는 말이 붙게 되었다.

요셉 성인이 생전에 무슨 말씀을 하셨는지 궁금하지만, 그것을 알려 주는 기록이 없다.

그분은 과시* 침묵의 성인! 비범한 범인**! 빛나는 그림자! 침묵의 증언자! 숨은 도우미! 감춰진 행운아로다! 아, 과연 누가 그분의 특은과 특성을 충분히 표현할 수 있으리오!

---

* 과시果是: 아닌 게 아니라 정말로.
** 범인凡人: 평범한 사람.

편애

 나는 눈에 결함이 있어 신부가 되기에도 합당치 않은 인물이었다. 그런데 하느님은 이러한 나를 사제로 만드시고 기어이 주교로 만들어 놓으셨다. 동방의 작은 나라 한구석에서 끌어내시어 성도聖都 로마에서 공부를 시키시고, 교황님으로부터 주교로 임명받아 성 베드로 대성전에서 교황님과 함께 서품 미사를 봉헌하게 하신 것이다.

 그러니 이것을 어찌 예사로운 일이라 하겠는가! 이 어찌 나에 대한 하느님의 편애 또는 특전과 특은이 아니라 할 수 있겠는가!

 나는 죄인이다. 보통 죄인이 아니라 대죄인이다. 죄의식에 사로잡힌 병적인 죄의식에서가 아니라, 주님께 나아가기 위한 건전한 죄의식에서 하는 말이다. 건전한 죄의식이 크면 클수록 그만큼 더 깊이, 그리고 더 뚜렷이 그분의 편애를 느끼게 된다.

가식이나 에누리 없이, 모든 사람이 나보다 낫고 내가 누구보다도 못하다고 이야기하는 것이 내 입버릇처럼 되어 가고 있다. 하느님이 큰 죄인인 나를 편애하심으로써 감싸 주신다고 느낀다. 그분은 나를 당신의 가장 큰 편애를 받은 기록의 소유자로 만드시려는 게 아닌가 싶다.

같은 피

사랑하는 벗 민관아,

그대와 나는 어떤 관계이며 어떤 사이인가? 우리는 남남이 아니다. 단순한 친구나 벗도 아니다. 그러한 사이라면 그대와 내가 제아무리 가깝다 하더라도 우리 혈관에는 각각 다른 피가 흐르고 있을 터이다. 그러나 그대와 나사이에는 같은 피가 흐르고 있다. 황공하옵게도 너와 나의 혈관에는 예수님의 피가 흐르고 있는 것이다. 어떻게 그럴 수 있는가?

그것이 가능하게 된 것은 그분이 세우신 성체성사 덕분이다. 그 성사로 그분의 피가 우리 안에 들어 있는 것이다. 그리고 알아야 할 또 하나의 사실이 있다. 그것은 예수님의 피가 우리 심장과 혈관에 흐르게 해 주시는 분은 성령이시라는 것이다. 성령이 아니시면 예수님의 피는 그대나 내 안에서 활동하지 못할 것이다. 성령의 힘으로 우리는 예수님 안에 살고 있음을 몸과 마음으로 느끼게 된다. 그리고 이것은 그대와 나 그리고 모든 남녀 교우들이 하느님 아버지의 무한하신 자비로, 같은 피를 나누는 진짜 형제요, 자매들이라는 진리의 근거가 되는 것이다.

낮추고 더 낮추기

나는 죄와 결함덩이다. 나는 그것을 감추려 하지 않는다. 드러내 말하기를 망설이거나 머뭇거리지도 않는다. 나는 아침마다 이렇게 기도를 한다.

"하느님의 아들, 주 예수 그리스도님, 이 죄인을 불쌍히 여기소서. 이 철부지를 가여워하시고, 이 어린아이를 귀여워해 주소서. 이 병신을 애련히 여기시고, 이 병자를 측은히 여기소서."

이 기도는 현세에서 비교적 높은 자리에 올려진 내가 내세에서는 낮은 자 또는 꼴찌가 되지 않기 위한 예방책이라 해도 좋을 것이다.

주님께서는 이 기도를 좋게 여기실 거라고 느낀다. 뭐니 뭐니 해도 내게 필요한 것은 낮춤이다. 나는 나 자신을 낮추고 낮추고 더 낮추어야 할 몸이다.

완전한 위탁

내 안에서 은밀히 깨우쳐 주시는 주님의 말씀을 들었다.

"애야, 너는 내 섭리에, 내가 하는 일에 끼어들지 마라. 너는 오직 내가 하는 일을 눈여겨보면서 성령의 힘으로 그 의미를 새겨야 할 처지임을 알도록 하여라. 인간은 서로 제 뜻을 내놓거나 제 의견을 내세울 수도 있다. 하지만 나와의 관계에서는 인간의 뜻이나 소견은 완전히 사라지고 오로지 내 뜻만이 존재할 뿐임을 잊지 마라."

20년 전 나는 은퇴 주교관 거실 일각에 미사 집전과 성체 조배를 위한 경당을 마련해 놓았다. 그리고 나서 예수님을 더 가까이 모시고 산다고 생각했다. 그런데 주님께서는 "애야, 네가 나를 모시는 게 아니라 내가 너를 데리고 산다." 하시는 것이었다.

나의 자리가 능동자에서 수동자로 바뀌고 보니 한결 마음이 가벼워지면서 평온을 누리게 되었다. 나의 수호성인인 바오로 성인은 자기 안에는 자기가 아니라 그리스도께서 사신다고 말씀을 하셨는데, 지금 나는 그와 엇비슷한 상태에서 살고 있다.

  주님께 나를 완전히 위탁한 상태에서 그대로 살기만 하련다. 그분의 뜻에 따라 수동자로서 무슨 일을 할 적에도 나는 주님 앞에서 거치적거리지 않으려 한다.

꼴찌는 첫째로, 첫째는 꼴찌로

예수님은 첫째가 꼴찌 되고 꼴찌가 첫째 되는 이들이 많을 것이며(마르 10,31 참조), 그렇게 될 것이라고 단정하셨다(마태 20,16 참조).

죽은 다음의 세상에 가 보면 깜짝 놀랄 일이 많을 텐데, 그중 하나가 유명인과 무명인의 자리가 바뀐 일일 거라고 생각한다. 죽음 이후의 세상은 지금의 세상과는 평가 기준이 달라서 서열이나 위계, 자리매김이 반대인 경우가 많을 것이다. 예수님의 말씀이 이를 뒷받침한다. "이처럼 꼴찌가 첫째 되고 첫째가 꼴찌 될 것이다."(마태 20,16) 이 세상에서 명성을 떨치던 사람보다 어느 누구도 기억하지 못하는 작은 영혼이 천국에서는 더 큰 영광과 영예를 누리는 경우가 많을 것이다.

나는 두 분의 수녀님과 함께 미사를 지내며 살고 있다. 그런데 첫째가 꼴찌 되고 꼴찌가 첫째 될 것이라는 대목의 복음을 읽은 날 이렇게 강론한 적이 있다.

"지금은 수녀님들이 저를 위해서 희생하시지만 저세상에서는 거꾸로 된 모습을 봅니다. 수녀님들은 제 위에서 저를 내려다보시고 저는 저 밑에서 수녀님들을 우러러보는 그 광경을 봅니다."

나는 나의 사제직, 특히 주교직이 큰 은혜이면서도 내게 불이익을 주는 하느님의 올가미인 것을 깨닫는다.

나는 죄인이다

나는 나의 약점이 제 자랑하는 것임을 밝힌 바 있다. 이것이 나의 큰 약점 중 하나다. 자랑거리가 될 수 없는 것도 자랑하는 사람이 바로 나다.

만일 내가 선善만을 행하고 불선不善을 행하지 않는 사람이 된다면 나는 나 자신에게 매료되고 도취할 것이 분명하다. 하느님께서는 그 불행한 상태를 미리 내다보시고 나를 죄인이 되게 하고 죄인으로 머무르게 함으로써 구해 주시는 것이다. 그분은 이러한 나의 본성적 약점을 이용하여 내가 죄인임을 거리낌 없이 실토하는 은혜를 베풀어 주신다.

주님은 나에게 이 길을 개척하게 하셨다. 나는 성령이 전적으로 인도해 주시는 이 길을 걸어서 구원의 은혜를 받아 누리기를 바란다. 이에 더하여 이 길이 나를 성인의 영광에 조금이나마 다가갈 수 있게 해 주기를 바란다.

펜을 들기만 하면 죄인임을 고백하게 되는데, 주님은 이러한 나를 무척 좋아하시는 것 같다.

무(無, 0)

인류는 숫자를 셀 때 1, 2, 3, 4로 센다. 여기서 무, 없음을 나타내는 숫자인 0을 발견함으로써 0과 1로 표현하는 컴퓨터를 만들었고, 결국 세상에 놀라운 변화를 가져왔다.

그러나 무엇보다도 무無는 헤아릴 수 없는 하느님의 무한하신 사랑과 섭리로써 모습을 드러냈다. 그로 인한 세상의 사정에는 둘도 없는 큰 변화가 일어나게 되었다. 세상의 질서가 온통 뒤흔들리게 된 것이다. 즉, 인류는 자기 세계에 갇혀 옹졸한 상태에서 살 도리밖에 없었는데 하느님의 무한하신 섭리로 그 상태로부터 벗어나게 되었으니 이것은 다름 아닌 하느님의 무한한 힘에 말미암은 덕이라 하겠다. 실로 그 힘은 하느님의 인간에 대한 사랑과 지혜 넘치는 섭리에서 비롯된 것이다. 이렇게 당신의 능력을 맛보게 해 주신 덕에 인류는 바로 눈앞에서 그분이 베푸시는 특권을 누리게 된 것이다.

  이러한 특은을 생각하며 하느님께 다음과 같이 기도드린다.

> 하느님, 인류에게 당신 선물의 주인공이 될 행운을 누리게 해 주셔서 감사드립니다. 하느님 당신께서는 감사와 찬미를 이제와 영원무궁이 받아 누리시옵소서! 아멘!

보편애

악은 선의 결함이라고 한다Malum est defectus boni. 그렇다면 미움은 사랑의 결함Odium est defectus amoris이라고 할 수 있겠다. 예수님은 당신이 우리를 사랑하신 것처럼 우리도 서로 사랑하라고 하셨다. 그분의 그 명령, 그 뜻을 따르기가 얼마나 어려운지 나는 절실히 체험하면서 지내고 있다. 그러기에 고해성사를 보고 또 보기도 한다.

이에 모든 죄의 뿌리는 '사랑의 결함'에 있다고 확실히 말할 수 있다. 나는 언제 죄의 상태에서 벗어나 홀가분해질 수 있을까? 온통 사랑으로 꽉 찬 하늘나라에 들어가는 날 그 굴레에서 풀려나리라. 세상을 떠나기 전에 주님의 은총에 힘입어 모든 사람을 차별 없이 사랑하는 법을 배워야겠다.

때마침 성모님이 머릿속에 떠오른다. 우리의 어머니는 모든 사람을 차별 없이 받아들이고 대하셨다. 그분은 당신의 아드님을 팔아넘긴 유다 이스카리옷에게도 분명히 연민을 느끼셨으리라.

나도 그래야겠다. 좋고 싫고, 마음에 들고 안 들고, 곱고 밉고 하는 차원을 넘어 모든 사람을 품에 받아들이고 사랑해야겠다.

놀라운 일

80여 년 전 소학교 6년생이 되었을 무렵, 나는 본당 신부님께 신학교에 가겠다고 말씀드렸다. 그러나 그분은 안 된다고 하셨다. 나는 신부 되는 것을 포기할 수밖에 없어서 무심히 지내고 있었는데 어느 날 그분은 나를 불러 귀중한 추천서를 써 주셨다. 그리하여 그 추천서를 입학원서와 함께 소신 학교에 제출하였고, 동급생 친구와 함께 입시에 응시하였다.

훗날 알게 된 일이지만 처음 추천서를 받지 못했던 것은 내 신체에 결함이 있었기 때문이다. 그 결함은 사시 곧 사팔눈이었다. 태어날 때부터 한쪽 눈이 신경마비로 인해 실명이 되었음에도 나는 전혀 깨닫지 못했고 이러한 사실을 모른 채 십 대를 보내고 있었던 것이다. 여하간 신학교에 응시한 결과 이목이 수려한 그 친구는 낙방하고 병신인 나는 합격하였다. 그리고 나는 일생 동안 신체 결함으로 인한 차별 대우를 받은 일이 없다. 나의 긴 학창 생활 동안 거의 모든 스승님의 굄을 받고 칭찬을 들으면서 지냈으니 그저 놀라운 일이라 할 수밖에 없다. 훗날 내가 사제 지망자들의 성소를 심사하는 책임자 자리에 있게 되었는데, 만일 나와 같은 사람이 지원을 했다면 사제직에 합당치 않다는 판결을 내렸을지도 모른다. 한데 주님께서는 신부가 되기에도 만부당한 나를 신부로 만드시고, 두 번이나 겸허히 고사했음에도 기어이 주교직에 떠밀어 올려놓으신 것이다. 그때 내 눈앞에는 주님께서 나를 주교로 만들지 못해 애태우신 모습이 떠올랐다.

어쩌면 내가 걸어온 길이 하나의 특례가 될지도 모르겠다. 흠과 티로 누벼 놓은 인생에 대하여 추궁당하지 않는 것만도 천만다행한 일인데, 주님께서는 되려 끊임없이 좋게만 해 주시어 몸둘 바를 모르게 만드시니 이것이 어찌 예사로운 일이라 할 수 있겠는가!

오, 실로 놀라운 일이로다!

오, 정녕 나의 인생은 하나의 신비요, 불가사의로다!

사랑하는 그대와 나누고 싶은 이야기

 사랑하는 이여, 보는 것은 잠깐이지만 그리워하는 것은 평생이라 하더이다. 나는 지금 그대를 잠깐 만나고 있지만, 그대를 그리워하는 마음은 한평생 갈 것이네. 그 그리움이 후세로 이어지기를 간절히 바라는 마음일세.

 하늘나라는 단순한 명상이나 관상도 아니고 완전한 정밀*도 아닐 것이네. 우리에 대한 하느님의 사랑과 우리 서로 간의 사랑으로 꽉 차 있는 곳이 하늘나라일 것이네. 믿음과 희망이 계속 이어지겠지만 그 위에 사랑이 자리 잡고 있는 곳이 하늘나라일 것이라 여기네. 그 나라는 결코 조용하거나 잠잠한 곳이 아니라 사랑으로 약동하는 곳일 것이네. 우리에 대한 하느님의 사랑과 하느님에 대한 우리의 흠숭과 찬미의 노랫소리가 오가는 곳일 것이네. 무

---

* 정밀靜謐: 고요하고 편안함.

수한 천사들의 찬미가 끊이지 않는 곳이 바로 하늘나라이니 그렇지 않겠는가!

그대에게 털어놓는 말이지만, 나는 천사들의 노랫소리를 들은 적이 있다네. 그것은 내게 바흐의 음악을 연상케 했네. 작사나 작곡의 동인動因, motivum이 중요하기에 교회는 그것을 엄격히 심사하였다네. 하느님을 찬양하는 가사나 곡일지라도 인간의 교만이 서려 있을 수 있기 때문이지. 그러기에 이 심사에 걸린 베토벤 음악은 우리 교회에서 사용되지 못하는 것이라네. 한편, 같은 프로테스탄트인 바흐의 곡은 모두 우리 교회에서 사용될 뿐만 아니라 사랑을 받고 있는 것일세. 가령 그의 '대미사곡'이나 78곡으로 구성된 '마태오 수난곡'을 들 수 있겠네.

내가 들은 천사들의 노래, 나를 떠받치고 하늘로 올라가면서 들려준 그들의 그 노래는 바흐의 Cantata BWV 147 "Jesu Bleibet Meine Freude(늘 나의 기쁨이 되어 주시는 예수, 가톨릭성가 180번 〈주님의 작은 그릇〉)"와 흡사한 것이었다네. 그러나 그 멜로디와 반주, 합창이 아무리 아름답고 훌륭하더라도 흠도 티도 없는 천사들의 순수하고 신령한 노래와는 아주 다른 것일 수밖에 없었다네. 내가 천사들의 노래를 들은 것은 비록 잠깐이었지만 무아경에 빠지게 된 귀중한 체험이었다네.

눈물

나는 눈물을 잘 흘리지 않는다. 내 기억에는 단 두 번, 조부상과 모친상을 당했을 때 눈물을 많이 흘렸고 소리 내어 울었다. 그러고 나서 내 눈물샘은 말라 버렸다.

무엇보다도 안타까운 것은 눈물이 내 감정을 따라 주지 않아 신앙생활이나 영성 생활에서 큰 공허감을 지니게 된 것이었다. 이로 인해 힘들어할 때 가까이 지내던 한 사제의 권유와 성령의 감도로 나는 성직자·수도자를 위한 성령 쇄신 기도회에 참석하게 되었다. 그 기도회가 진행되는 동안 나는 눈시울을 적시며 흐느꼈고, 주님의 크신 사랑을 한 몸 가득히 느끼며 감격하였다. 그것은 매우 소중한 성령의 선물임이 틀림없었다.

그 기도회가 계기가 되어 영적 체험을 하며 눈물을 흘린 사람들의 이야기를 자주 듣게 되었다. 그중에는 주체할 수 없을 만큼 눈물을 많이 흘린 사람의 이야기도 있었다. 나는 나대로 사목 활동을 하면서 조용히 자주 눈물을 흘렸다. 이러한 성령의 은사는 그 뒤로 7~8년 동안 내 안에 머물러 있었다.

그런데 나도 모르는 사이에 느닷없이 그 은사가 사라져 버린 것이 아닌가! 나에 대한 하느님의 무한한 사랑을 나의 전 존재로 느끼고 있음에도 감사와 기쁨의 눈물이 나오지 않게 되었으니 말이다. 사정이 이러하기에 나는 눈물의 은혜를 청하는 기도를 자주 드렸다. 그런데 번번이 허사였다. 성직자·수도자 성령 쇄신 기도회에도 도움을 청하여 형제자매들이 나를 둘러서서 기도를 해 주었지만, 효과가 나타나지 않았다. 그런데 어느 날 주님이 내게 조용히 이렇게 일러 주시는 것이었다.

"네가 원하는 대로 나에게서 눈물의 은혜를 받게 되면 너는 분명히 날마다 쉬지 않고 줄곧 눈물을 흘릴 것이다. 나에 대한 감사와 기쁨을 꼭 눈물을 흘리면서 느낄 필요는 없단다. 이것을 알고 내가 미리 막은 것이란다."

아, 고마우신 하느님의 무한한 도량이여!!

하느님 사랑의 전령들

하느님은 나에 대한 당신의 사랑을 알려 주시기 위해 사람들을 보내신다. 성직자, 수도자, 평신도, 비신자 등 가리지 않고 줄곧 보내신다. 그 사랑의 메신저, 사랑의 전령들은 주님의 사랑을 끊임없이 내게 일깨워 준다.

나도 그 누군가를 위해 하느님 사랑의 전령이 되기를 바랐다. 그리고 주님께서는 형제자매들을 통해서 알려 주셨는데 그것은 바로 글로써 당신의 사랑을 전하라는 것이었다. 아닌 게 아니라 내 글을 받아 읽고 좋은 변화를 일으키는 사람이 적지 않았다.

그 실례로, 어떤 이는 교회와 성직자에 대한 반감으로 가슴에 응어리가 져 마음은 평화를 잃고, 언행은 거칠고, 신앙생활은 냉담 상태였다. 그런데 내 글을 몇 차례 읽고 나서 냉담을 풀고 화해 성사를 통해 평화와 웃음을 되찾아 언행이 온유해져 완전히 다른 사람이 되었다. 그는 그

벅찬 감격을 억제할 수 없다며 나의 만류에도 두 차례나 부인과 함께 나를 찾아왔으며 지속적으로 찾아뵙기를 원한다고 하였다.

또 한 사람은 은퇴한 경제학 교수였는데 그는 교회의 가르침을 철저히 따라 사는 모범 신자였지만 마음이 아닌 머리로 하는 신앙생활을 했다. 그런데 나의 글을 몇 차례 읽고 나서 그의 신앙생활에 변화가 일어난 것이다. 이렇게 변화된 그가 내게 편지를 보내왔는데, 그 내용은 다음과 같다.

주님 안에 사랑하는 아버지께

사랑하는 아버지,
잘 계셨습니까?
혹시 그간 병원에 다녀가셨나요?
보내 주신 글월 잘 받아 보았습니다.

사랑하는 아버지,

저는 얼마나 행복한 사람인지 가늠할 수가 없답니다.

아버지를 불러 보는 것이 얼마나 큰 선물입니까?

지금 아버지가 보고 싶어서 눈물이 날 지경입니다.

갑자기 아버지를 뵙게 된다면,

아마도 펑펑 울어 버릴 것 같습니다.

너무나도 보고 싶습니다.

그날이 언젠가 오겠지요.

장마가 시작된다고 합니다. 장마철에 건강 잘 챙기십시오.

항상 몸 건강하시고, 마음 평안하시기를 빕니다.

2022. 6. 21. ○○○ 올림

    이외에도 이렇게 변화된 이들이 적지 않은데 이 현상은 내가 하느님 사랑의 전령으로서 신념을 가지고 글을 쓰도록 나를 재촉한다.

사랑의 송가

경이감

 카나의 혼인 잔치에서 예수님이 물을 포도주로 변화시키신 기적을 보고 놀란 제자들은 예수님을 믿게 되었다(요한 2,1-12 참조). 이와 같이 놀라움이나 경이감은 믿음에 선행하는 법이다. 놀라움이 없으면 믿음은 식게 되고 끝내는 사라지고 말 것이다. 그래서 경이감은 우리 신앙생활에서 꼭 필요한 요소다.

 우리는 흔히 우주, 지구, 높고 넓은 산, 망망대해 같은 대자연에서 경이감을 느낀다. 그러나 나는 경이감의 대상을 큰 것에서만 찾지 않는다. 우리 주위에 있는 것 모두가 경이롭지 않은가. 스쳐 지나가거나 무심히 보아 넘기거나 밟고 지나갈 만큼 흔한 것에서 경이감을 느낀다.

 초자연계에서도 마찬가지다. 계시 진리만이 경이로운 것이 아니라 주변에서 흔히 일어나는 사건에서도 경이로움을 느낀다. 그러기에 나는 언제 어디서나 은총과 축복을 만날 수 있고 받아들일 수 있다. 이렇게 경이감에 감싸여 있으니 단지 주님을 만나 뵙는 데 그치지 않고 그분과 하나 되어 있음을 체험하며 살고 있다. 참으로 나는 편안한 마음으로 주님과 거리감 없이 지낸다.

극존칭과 극비칭은 한 가지

 가장 존귀한 것이 가장 천한 것을 허락하고 극존칭은 극비칭과 통한다며 하느님을 거리낌 없이 '너'로 부른 때도 있었다.

 물론 하느님을 버릇없이 아무렇게나 대하고 그분께 무례하게 말씀드려도 좋다는 말을 하는 것은 아니다. 전례 때 그래서는 더욱 안 된다. 전례에는 그 나름의 격식과 표현이 따로 있는 법이다. 그러나 한 가지 확실한 것은 예의를 갖추고 하느님 대전에 설 때보다는 어린아이의 모습으로 그분 앞에 있을 때 그분의 현존을 더 쉽게 체험하게 된다. 또한 창조와 구원 사업에 나타난 그분의 사랑을 더욱 깊이 깨닫고 그분과 끈끈한 정을 느낄 수 있다. 그래서 나는 하느님과 대화할 때 예를 갖추어 '저'나 '저희'라고 하는 대신 '나'나 '우리'를 사용한다.

 성가 199번 〈예수 마음〉에는 "네 성심과", "네 성심에"

라고 표현하며, 성가 300번 〈사제의 마음〉에도 "네 사제를 축복하사"라고 높임말을 사용하지 않아서 그 가사들이 더 와닿고 나의 마음을 끈다. 이 성가들을 부르거나 들을 때마다 눈시울이 뜨거워질 때도 적지 않다.

고통과 기쁨을 수반하는 십자가

주님 안에 사랑하는 나의 다리아 자매님, 오늘 그대와 함께 고통에 대하여 이야기를 나누고 싶습니다.

인생은 고해苦海라 하여 괴로움과 근심이 끝없는 이 세상을 바다에 비유하고 있습니다. 그리고 십자가는 그리스도인이 아닌 사람들도 사용할 만큼 보편화되어 있습니다.

고통 하면 반사적으로 기쁨이 떠올라야 한다고 생각합니다. 육肉으로는 고통, 영靈으로는 기쁨이라는 것이지요. 이러한 뜻을 이루기 위해 먼저 그대와 나에 대해, 그다음 다른 것들에 대해 생각해 봅시다.

내가 글 쓰는 것은 하나의 십자가입니다. 십자가는 고통이지만 동시에 기쁨입니다. 왜냐하면 그 고통이 나와 다른 이들에게 기쁨이 되기 때문입니다.

그대가 나를 돕느라고 어려움을 겪으면서도 내가 그 도움으로 기뻐하는 것을 알고 나로 인한 고통을 오히려 기쁨으로 여기지는 않은가요? 나도 그렇습니다. 주님의 충동으로 글들을 쓰게 되는데 그것이 내게는 고통스러운 일이지만 그 글을 읽는 이들이 위로와 힘을 얻는 것을 알고 기뻐하게 됩니다. 자녀를 양육하는 부모도 마찬가지고, 사목자들의 희생도 그러합니다. 사목자는 이른 아침부터 늦은 밤까지 수고하지만 신자들을 도와주는 데서 오는 기쁨을 누립니다. 자기의 희생으로 자신과 다른 이들이 득을 보기 때문입니다.

우리의 주의를 하느님께로 돌려 봅시다. 수많은 별들로 이루어진 은하가 수억이라 하지 않습니까? 그런데 그 광대무변한 대우주를 하느님 아버지께서는 당신과 한 본체이신 성자와 함께 말씀 한마디로 생겨나게 하셨습니다.

성부께서는 인류를 영멸에서 영생으로 옮겨 주기 위해 당신 외아드님을 사람으로 인간 세상에 내려보내셨는데, 바로 그 순간 그분의 신원과 운명은 일변하여 인류의 주인이셨던 분이 인류의 종이 되신 것입니다. 그리하여 머리 둘 곳조차 없을 만큼 비참하였지만, 그분은 그 고통을 기뻐하셨습니다. 극심한 당신의 고통으로 인류가 속량되어서 죄에서 벗어나는 것을 아셨기 때문입니다.

특히 십자가는 얼마나 큰 고통거리인지 모릅니다. 그래서 십자가가 고통의 상징이며 그 대명사가 된 것이 아니겠습니까? 그러나 우리가 알아야 할 것은 가장 큰 고통거리인 십자가가 가장 큰 기쁨의 원천이 된다는 사실입니다.

사랑하는 그대여, 생각해 보십시오.

허기와 갈증 속에서 편태를 당하여 온 살이 찢겨 살점이 떨어져 나가고, 멀리서 바라보기에도 황공한 거룩한 그 얼굴에 손찌검과 침 뱉음과 주먹질을 당하신 예수님이십니다!

자신의 몸 하나도 가누지 못하는 탈진 상태에서 당신이 못 박혀 매달리실 그 크고 무거운 십자가를 짊어지고 가시다가 세 번씩이나 넘어지시고 끝내는 주저앉아 버리신 예수님이십니다!

마침내 군중들에 의해 십자가에 끌어 올리지고 그런 그들을 위해 단발마*의 고통에 몸부림치시며 조롱과 저

---

* 단발마斷末摩: 숨이 끊어지기 직전의 모진 고통을 의미한다.

주와 온갖 욕된 말로 수모를 당하신 예수님이십니다!

그런 가운데에도 당신의 고통으로 헤아릴 수 없이 많은 사람들이 구원을 받을 것을 내다보시면서 기뻐하신 예수님이십니다!

극도의 고통과 극도의 기쁨을 연상케 하는 십자가, 우리는 그 십자가에 대한 깊은 감동 없이 넘기는 날이 단 한 번도 없도록 합시다!

먼저 간 친구를 그리며

그 친구는 다름 아닌 백민관 테오도로 바로 그대라네. 비록 같은 학급은 아니었지만 우리는 가까이 지냈었지. 그러다가 학업을 끝내면서 헤어져, 그대는 파리에서, 나는 로마에서 유학하게 되었지. 지루하리만큼 긴 여름 방학 때 그대를 찾아가면 그대는 작은 오토바이 뒤에 나를 태우고 내가 원하는 곳이면 기쁘게 나와 함께 가준 것이 생각나는구먼.

그리스도의 성체성사로 그분의 피를 나누어 가진 이들은 모두 형제자매지만, 그대와 나는 그리스도의 사제직으로 말미암아 더욱 특별한 형제지간이 되었지.

귀국한 뒤에 재단으로부터 그대와 내가 함께 서울 가톨릭 대학교 교육의 총책임자로 보임되지 않았던가? 그 시기에도 그대는 음으로 양으로 내게 힘이 되어 주었어.

그대가 나를 죽을 위험에서 구해 준 일도 있었지. 나는 그 일을 잊을 수 없다네. 여름 방학 때 우리 교수들이 동해안에서 피서했을 때 말이야. 전혀 헤엄을 칠 줄 모르는 나는 큰 튜브에 몸을 맡기고 기분 좋게 떠다니고 있었는데 마침 썰물 때가 되어 내 튜브가 마냥 깊은 바다로 떠내려가고 있었지. 그렇지 않아도 나에 대해 신경을 쓰고 있던 그대는 나를 향해 쏜살같이 달려와서 벌써 멀리 떠내려가던 나를 뭍으로 끌어 올려 주지 않았던가! 그러니 이래저래 나는 그대에게 신세를 지고 살았다고 말할 수밖에 없네그려. 내가 그대에게 해 준 것은 별로 없고 그대가 내게 해 준 것은 정말 많았음을 새삼 고백하네. 그대는 정말이지 내 무능 탓으로 고생을 너무 많이 했어.

십여 년 전 그대는 그동안 몸담았던 대건관에서 양업관으로 거처를 옮겼으며 이후 건강이 점차 나빠져 수차례 병원 입·퇴원을 반복했고, 주님의 부르심을 받기 일 년 전부터는 성모 병원 요양 사제관에서 지내게 되었다 하더군.

그대가 떠난 해인 2022년 4월, 그대는 요양 사제관에서 조촐하게 사제 수품 70주년을 맞이했고, 5월에는 스승의 날을 맞이하여 찾아온 친지들과 학생들이 불러 주는 스승의 날 노래를 평생을 바친 교정에서 들으며 기쁨과 감사의 눈물을 흘렸다고 하더이. 그리고 불편한 몸을 휠체어에 의지하여 그대의 삶이 담긴 교정 곳곳을 다녀 보았다고 하더군.

내가 요양 사제관으로 그대를 찾아갔을 때 의식이 혼미한 가운데도 순간적으로 나를 알아보고 반가워하기도 했었지. 그러나 그것도 잠시 이내 그대의 얼굴은 표정을 잃고 말았어. 하지만 그 상태에서도 그대는 나의 목소리를 알아보고 손을 꼭 쥐었지.

몇 날을 그렇게 지내다가 나는 제주로 돌아왔는데, 그 며칠 뒤에 그대가 주님의 부르심을 받고 귀천했다는 소식이 내게 전달되었다네.

그대가 가 있는 그곳에 나도 가서 살게 해 주시도록 주님 곁에서 빌어 주게나. 언제나 나에게 잘해 준 그대이기에 가장 크고 좋은 이 천상 선물을 얻어 주기를 마다하지 않으리라 나는 믿네.

진짜 인생

전례 개혁 이전에는 삭발례로 시작되는 성직의 품수가 일곱이었다. 1품에서 4품까지는 소품이라 하였고, 다른 세 품, 곧 차부제·부제·사제품은 대품이라 하였다.

1950년 6·25 전쟁이 일어난 해에, 나는 군 생활을 할 의무가 없었지만 학장 신부님의 명에 따라 시종직인 4품을 받은 성직자의 신분으로 한국군의 졸병이 되었다. 육군본부 소속으로 미국 육군 제1기갑사단 본부에 파견되어 그들과 함께 한국인들을 도우면서 2년을 보내고 육군본부에 복귀하여 1년을 더 복무하고 예편되었다. 그동안 별의별 사람들을 다 만나고 별의별 일들을 다 겪었다. 나는 그 시기에 인생은 헛되고 희화적이라고 생각했다.

이렇게 허탈한 내 마음에 하느님이시면서 사람이 되신 예수님께서 나타나시어, 당신이 사람으로서 겪으신 일들, 만나신 온갖 사람들을 한눈에 보여 주시는 것이었다. 바리사이들, 사두가이들, 하시는 일에 사사건건 악평하는 군중, 마귀 두목과 연합한 사기꾼으로 소문을 퍼뜨리는 자들, 하느님의 아드님이신 당신 신원을 밝히는 것을 하느님에 대한 모독이라고 단죄하여 십자가의 극형으로 삶을 마치게 한 자들을 한눈에 보이시면서 당신의 인생이 허구가 아니고 진실이며 희화가 아니고 진정한 것이라고 하셨다. 그리고 나의 전 생애의 모든 순간, 모든 자리, 모든 고비에 당신이 함께 계셨다고 하시면서 "너의 인생이 어찌 진짜가 아닐 수 있겠느냐."라고 하셨다.

나는 이제 내 인생이 결코 병들지 않은, 멀쩡한 것임을 깨닫게 되었다.

못 말리는 하느님의 사랑

사랑은 정적인 것이 아니라 동적인 것이다. 사랑은 그 본질상 끊임없이 자기 확장성을 드러낸다. 하느님은 당신의 무한한 사랑의 자기 확장력으로 사람과 피를 나누시기에 이른다. 이 글은 그에 관한 이야기다.

하느님이 창조 사업을 펴신 것은 아쉬움에서가 아니다. 하느님은 스스로 만족을 누리시는 존재이시다. 다함없는 만족, 아쉬움이 없고, 심심풀이가 필요 없는 분이시다.

그분이 창조 사업을 펴신 것은 사랑의 본성에 의한 것이다. 사랑은 가만히 있지 않고 쉴 새 없이 넓혀 나가게 되어 있다. 사랑이 자기 확장적 본성을 지닌 탓이다. 하느님의 사랑은 아무도 못 말린다. 그분 자신도 사랑 자체이기에 말리지 못하고 막지도 못하신다. 그리하여 우주가 생겼고 인간이 만들어진 것이다. 하느님의 확장적 사랑은 인간 창조에 이르러 가장 크게 드러난다. 그러나 하느님은 당신의 사랑을 일시에 확장하지 않고 점진적으로 확장해 나가신다.

구약 시대에는 하느님의 사랑이 완전히 확장되지 않았다. 그래서 하느님과 인간 사이에는 고랑이 가로놓여 있었는데 이것은 하느님이 인간과 거리를 두셨기 때문이다. 구약 시대에는 유일신, 곧 하느님은 오직 한 분뿐임이 계시되었다. 그런데 하느님께서 인간과 피를 나누기로 하심으로써 신약 시대가 열리게 된다.

'피가 없는' 순 영이신 하느님께서 인간과 피를 나누고 피를 섞기 위해서는 불가분 사람의 피를 가지신 존재가 되셔야만 했다. 그런데 하느님이 그 일을 하신 것이다. 곧, 당신의 외아드님을 이 땅에 보내시어 사람이 되게 하셨다. 이리하여 영원한 하느님이신 성자께서는 인간으로 존재하시고 살아가시게 된 것이다. 우리와 함께 영원히 인간으로 계시게 되었다.

성자께서는 사람으로 태어나시는 순간부터 십자가 위에서 단말마 중에 숨을 거두실 때까지 더할 나위 없는 고통의 인장으로 날인한 계약서를 만드신 것이다. 삼위일체의 신비는 이 육화를 위해 계시가 된 것이다. 인간과 피를 나누려 하지 않으셨다면 하느님은 굳이 삼위일체의 신비를 계시하지 않으셨으리라.

위의 이야기는 제아무리 담대한 인간의 상상력일지라도 그 힘이 미치지 못하는 신비다.

하느님이 인성을 취하심으로써 인간이 신성에 참여하게 되었으니 나의 이성아, 입을 다물어라. 그리고 나의 신앙아, 이 신비 앞에 너도 숨을 죽이고 엎드려라.

무한하신 주님의 사랑

내 사랑하는 아이야! 너는 나를 무엇으로 알고 있으며 어떠한 존재로 알고 있느냐? 나는 네가 안심하고 내맡길 수 있는 버팀목이다.

네가 병원 진료 후 사형수의 심경과 같은 지경에 이르렀지만 부러진 갈대인 너를 꺾지 않고, 꺼져 가는 심지인 너를 끄지 않아 아흔여섯 번째 생일을 보게 한 것도 바로 나다.

최근에 네 몸의 몇몇 부위에 동시다발적으로 말질*을 하게 하여 너로 하여금 병원을 찾아가게 한 것은 바로 나다. 뒤돌아보아라. 그러면 네 주치의를 비롯한 많은 의료진이 동원되어 거짓말처럼 하나같이 네게 호의와 정성과 위로를 주었음을 깨닫게 되리라. 그리고 헤아릴 수 없이

---

* 말질末疾: 고치기 어려운 나쁜 병증.

많은 네 형제자매들이 기도한 것도 느끼게 되리라. 그 모두 내 계획에 의한 것임을 알아라.

아들아, 네게 귀띔하고 싶은 말이 있다. 곧, 네가 무엇이나 스스로 결정하고 마음대로 살아간다면 너의 그 삶은 자연히 속박에 얽히게 되리라. 그러나 네가 만일 돌이켜 내 결정과 뜻에 온전히 내맡기기만 한다면 네 인생은 혼란에서 벗어나 너는 걱정 없이 평온히 그리고 기쁘게 네 일상을 살아가게 되리라.

어린아이에게까지 호된 시련을 주면서도 네게는 가벼운 십자가밖에는 내려 주지 않는 그 이유를 말해 주마. 그것은 네 어깨와 등이 약하기 때문이며 죄인이면서도 나에 대한 사랑으로 몸부림치는 너의 그 마음을 내가 흐뭇이 읽고 있기 때문이다. 이렇게 나는 네 죄를, 너를 사랑하는 데 이용한다. 그러니 순간마다, 자리마다 넘쳐흐르는 나의 사랑과 은혜를 잊지 마라. 그리고 네 응답은 감사밖에 다른 무엇이 있겠느냐?!

나는 내가 행운아임을 고백한다.

나는 매일 아침 하느님께 감사하는 마음으로 눈을 뜨며 또 그분께 감사하는 마음으로 잠자리에 든다. 이렇게 매일 감사 기도를 드린다. 그래도 늘 모자라는 것이 감사다. 내가 받아 온, 헤아릴 수 없이 많은 하느님의 은혜를 너무 늦게야 깨달았다. 불평 대신 감사 기도를, 좌절 대신 감사 기도를, 욕심 대신 감사 기도를 드렸으면 한다. 어떤 처지에서든지 감사하라고 간곡히 당부하신 나의 수호성인인 바오로 성인과 내가 한마음이라고 종종 느낀다. 그분이 시공간을 초월하여 내 곁에서 당신이 늘 감사드린 주님께로 나를 이끄는 것을 느낀다. 나는 정말 행운아다.

부정否定의 길은 나의 길

나는 글을 수단으로 하여 '부정의 영성'을 말해 왔다. 즉, 내 영성의 바탕과 시발점이 부정성에 있으며, 나에 대한 긍정이 아닌 부정, 곧 나의 죄와 결함에 있다. 부정의 영성을 수동의 기도, 반비례의 논리, 병신 이야기, 어리광의 영성, 약점 자랑하기 따위로 드러냈다.

나를 부정의 길로 인도한 것은 성경이다. 성경에는 내게 감명과 위안을 주는 장면들이 나온다.

첫째는 선민임을 내세우는 이스라엘 사람들 앞에서 기를 펴지 못하던 이교도 사마리아 여인이 그들을 제치고 구원의 은혜를 받아 입는 장면이다.

둘째는 깨끗해진 열 명의 나병 환자 중에 오직 사마리아 사람 한 명만이 구원을 받는 장면이며, 셋째는 이스라엘에 과부가 많이 있었지만, 엘리야는 그들 가운데 아무에게도 파견되지 않고 시돈 지방 사렙타의 이교도 과부에게만 파견되는 장면이다.

넷째는 예언자 엘리사 시대에 이스라엘인 중에는 아무도 깨끗해지지 않고 오직 이교도 시리아 사람 나아만만 깨끗하게 되는 장면이다.

이들은 모두 선민 이스라엘인들이 멸시하여 상종하지 않는 기피의 대상이었다.

부정의 길은 구원을 보증하는 황금의 길이다. 이 길은 많은 성인이 걸어간 길이다. 성 마태오 사도는 그 표본 중 한 분이다. 그리고 성 바오로 사도의 가르침에 힘을 실어 주는 것은 곳곳에서 자기의 허약함과 죄를 공개하는 말씀이다. 이 말씀들은 나와 그분을 친근한 사이로 만들어 준다.

또 그중에는 소화 데레사 성녀와 아빌라의 데레사 성녀가 있다. 이 거룩한 영혼들이 나와의 거리가 멂에도 불구하고 그분들에게 친근한 정을 지니게 되는 것은 그분들의 낮춤의 자세 덕이다. 소화 데레사 성녀는 자서전《한 영혼의 이야기》에서 하느님 아버지께서 자기가 갈 길에 돌이 있다는 것을 아시고, 급히 앞질러 가서 아무도 모르게 그것을 치워 주셨기에 자기는 누구보다도 큰 죄인이라 했다.

한편 아빌라의 데레사 성녀는 어떠했는가?《자서전》,《완덕의 길》,《영혼의 성》,《창립사》등 많은 저서를 남긴 성녀의 말을 듣고 싶다. 성녀는《자서전》에서 다음과 같은 말로 시작했다.

"나는 내 기도 방식과 주님께서 베푸신 은혜에 대하여 쓰라는 지도 신부님의 명령과 함께 완전한 자유를 받고 있는 터이므로 중대한 내 죄와 사악한 생활을 명확히, 그리고 상세히 묘사할 허락이 내려졌으면 했습니다. 그렇더라면 내게 큰 위로가 되었으련만 실은 달리 결정되어 나는 이 일에 관하여 엄격한 제약을 받게 되었습니다. 그래서 내 생애에 관한 이 책의 독자 누구나가 명심해 주기를 간청하는 바는 하느님께로 회두한 모든 성인의 생애 중에서 내게 위로가 될 만한 것을 하나도 찾아볼 수 없을 만큼 내 생애가 그렇게 사악했다는 것입니다."

아우구스티노 성인의《고백록》은 나로 하여금 그 성인과의 친화감을 불러일으킨다. 이에 대하여 나는《고백록》2권 7장에 나오는 그분의 부서지고 낮추인 말을 여기에 옮기련다.

"내 기억이 저 사정들을 회고할 때, 내 주님, 당신께 무엇으로서 감사드리리까? 나의 주님, 나는 당신을 사랑하고 당신께 감사드리오리다. 그리고 당신의 이름을 찬양하오리다. 크고도 많은 나의 죄악이 눈 녹듯 녹아 없어진 것을 나는 오로지 당신의 은총과 자비의 덕으로 돌리옵니다. 또한 내가 죄 없이 지내왔음도 당신의 은총의 덕이었음을 나 이제 아오니, 그렇지 않고서야 죄를 죄로써 사랑하기까지 한 내가 어찌 범죄하지 않을 수 있었겠습니까?…… 이 글을 읽는 사람으로 하여금 하늘의 의사이신 당신의 사랑을 입어 병의 치유를 얻은 나를 비웃지 않게 하시옵고 오히려 이 글로 인해서 그가 나와 같이, 아니 나보다 더욱 당신을 사랑하게 되기를 바랍니다. 죄의 깊은 구렁에 빠졌다가 회생한 나를 보고 그가 나와 같은 구렁에 빠지지 않고 보호되고 있음은 오로지 당신의 은총으로 말미암은 것임을 깨닫게 하기 위함입니다."

나를 무한히 사랑하시는 하느님,

내게 부정의 길을 알려 주시고 그 길을 따라 걷게 하시니 감사드리옵니다.

내가 큰 죄인임을 거리낌 없이 드러내 놓고 말할 수 있는 것은 주님의 크신 은혜이옵니다.

주님께서는 내 약점을 두고 자랑하는 나를 무척 좋아하심을 조심스레 느끼나이다.

영원한 도움의 성모님과 나

내가 '영원한 도움의 성모님'을 안 것은 60여 년 전 로마에서 유학할 때였다. 나는 그때 라테라노 대학교 내 윤리신학 전문 대학원을 다니고 있었다. 그 대학원에는 성당이 있었는데 중앙 제대 아래에는 좌우 양쪽으로 작은 제대들이 있었다. 그 오른쪽의 둘째 사이드 제대 위에는 '영원한 도움의 성모상'이 걸려 있었다. 그러나 그때에는 '영원한 도움의 성모님'에 대한 지식이 없었기에 그분에 대한 신심도 없었다.

그 상은 오랜 세월을 거쳐 오는 동안에 켜켜이 쌓인 먼지와 때로 인해 원 모상이 가려져 있었다. 그럼에도 나는 나도 모르게 그 상을 올려다보고 나서 강의실로 발걸음을 옮기곤 하였다. 2년을 그렇게 보내고 유학 기간이 끝나 귀국하여 사목을 하였다. 그러던 중 주교로 임명되어 로마를 방문하게 되었다. 그 기간 중에 나의 발길은 자연히 라테라노 대학교 대학원 성당으로 향하였다. 그런데 그 성상이 치워져 있는 것이 아닌가! 사정을 알아 보니 성 요한 바오로 2세 교황님의 지시로 그 성모상을 사이드 제대에서 모셔 내어 그 두터운 때를 말끔히 닦아 내고 맑게 드러난 그 성모상을 중앙 제대 위로 옮겨 모시게 되었다는 것이다. 그 덕에 우리가 지금 보는 것과 같은 '영원한 도움의 성모상'이 드러나게 된 것이다. 학생 때와 달리 그때에는 영원한 도움의 성모님에 대한 신심이 있었기에 나는 그렇게 섭리하신 하느님께 감사를 드리며 기뻐 용약하였다.

얼마 전에 주님의 부르심을 받고 귀천한 영원한 도움의 성모 수도회 라루스 수녀님을 잊을 수가 없다. 라루스 수녀님은 큼직한 '영원한 도움의 성모님' 성화를 나에게 주면서 그 성모님에 대한 신심을 가지게 해 준 은인이다.

그날 이후 나는 하루도 거르지 않고 매일 그 성화 뒷면에 적혀 있는 기도문을 바쳐 오고 있다. 그러는 가운데 영원한 도움의 성모님이 놀라운 도움의 힘을 지니신 분임을 알게 되었다. 그분은 무분별한 청을 들어주시지는 않고 오직 분별 있는 청만을 기꺼이 들어주시는 분이다. 나는 그분께 청하여 거절당한 일이 한 번도 없다.

아낌없이 도움을 주시며 힘 있게 전구해 주시는 이,
그 이름 '영원한 도움의 성모님'이시어라!

늙고 보니

 늙으면 어린아이가 된다는 말이 있는데, 늙음에 늙음을 더하다 보니 나는 어린아이가 되어 있더라.

 나는 얼추 어린이가 되었다고 생각하고 있었는데 주님은 내가 아직 어린이가 덜 돼 있다며 어린이가 되려면 아직도 한참을 더 가야 한다고 하신다.

 어린이가 되는 것은 결코 쉬운 일이 아니다. 사람에 따라 이렇게 항의할 수 있으리라. "체통이라는 것이 있고 지체가 이렇게 높은데 어떻게 어린이가 될 수 있겠는가!", "나는 많은 공부와 연구로 머리에 든 지식이 많고 이루어 놓은 것도 많거늘!", "나는 나의 재능과 노력으로 성덕을 쌓았거늘!", "나는 높은 지위에 올라 명예를 얻었거늘!", "나는 세상 사람의 존경과 칭송을 받고 있거늘! 어찌하여 그리고 어떻게 어린이가 되란 말인가!" 이것은 마치 누구든지 위로부터 태어나지 않으면 하느님의 나라를 볼 수 없다는 예수님의 말씀을 듣고 "이미 늙은 사람이 어떻게 또 태어날 수 있겠습니까? 어머니 배 속에 다시 들어갔다가 태어날 수야 없지 않습니까?"(요한 3,4)라고 한 니코데모의 대꾸와 같은 것이라 하겠다. 그러나 분명한 것은 예수님의 말씀대로 사람이 새로 태어나야 하고 또한 어린이가 되어야만 하느님 나라에 들어갈 수 있다는 사실이다. 그분의 말씀은 단호하다. "내가 진실로 너희에게 말한다. 어린이와 같이 하느님의 나라를 받아들이지 않는 자는 결코 그곳에 들어가지 못한다."(마르 10,15)

어린이가 된다는 것은 유치해지는 것을 말한다. '유치하다'는 말은 '비하하는 말'로 받아들일 수 있다. 그러나 그렇지 않다. 나는 성직자와 수도자를 위한 어느 피정에서 유치한 어린이가 된 경험이 있다. 그동안 나는 신학생이나 사제로서 이를테면 고상한 피정만을 해 왔었다. 피정 지도자들은 하나같이 이름이 나 있는 분들이었고 강론 내용도 어른에게 알맞은 것들이었다. 그래서였는지 나는 그 유명한 분들의 훌륭한 강론에도 불구하고 한 번도 감동을 받은 일이 없었다. 부끄러운 일이지만 이것은 사실이다.

그런데 그때 내가 참석한 피정은 7~8명의 사제들이 공동으로 지도한 것이었다. 그들은 외국 유학을 한 일이 없을 뿐 아니라 그때까지는 해외 성지 순례조차 한 일이 없는 평범한 사제들이었다. 그 피정에서 나의 취향과는 달리 유치하다고 여긴 생활성가를 부르는 것이었다. 그리고 지도 신부들이 각자의 어두웠던 과거와 하느님 체험을 곁들이면서 해 준 강론은 평범하고 단순했지만 내게 큰 진리를 깨우쳐 준, 첫 번째이며 유일한 피정이 되었다. 그 진리란 다름이 아니라 내가 구원을 받으려면 어린이가 되어야 한다는 것이다.

내가 넘어야 할 큰 턱이 앞에 놓여 있는데 그것을 넘으려면 어린이가 되어야만 한다. 다른 말로 내가 자랑스럽게 생각하는 영적·정신적·지적·신체적·물적 소유를 버리는 것이요, 내가 대견스럽게 생각하는 소위 경력이나 관록을 무시하는 것이며 위신, 자존심, 체면, 권위, 품위 따위를 묻어 버리는 것이다. 그런데 그때 그 피정을 계기로 자연스럽게 그 턱을 넘게 되면서 신앙을 새롭게 바라보게 되었다. 그것은 나로 하여금 목이 뻣뻣한 어른으로서가 아니라 나긋나긋한 어린이로 살도록 도와주었다. 나는 때때로 예수님을 따라 다음과 같이 감사 기도를 바친다.

"아버지, 하늘과 땅의 주님, 지혜롭다는 자들과 슬기롭다는 자들에게는 이것을 감추시고 철부지들에게는 드러내 보이시니, 아버지께 감사드립니다. 그렇습니다, 아버지! 아버지의 선하신 뜻이 이렇게 이루어졌습니다."(마태 11,25-26)

그 피정을 하고 나서 꽤 오랜 세월이 흘러간 오늘까지도 그때 주님께서 나를 깨우쳐 주신 가르침과 사랑이 계속 내 가슴에 메아리치고 있다.

전화위복

아우구스티노 성인은 인류의 불행과 재앙, 온갖 화의 근원인 '아담의 죄'를 '복'이며 '매우 다행한 일'이라고 말했다. 이는 전화위복에 대한 찬사이자 전화위복이 되게 하시는 하느님을 향한 사랑의 고백이다.

원죄가 없었다면 우리는 하느님에 대한 불완전한 계시만 받았을 것이다. 하느님이 삼위일체가 아닌 유일신이라는 진리만 알았을 것이다. 삼위일체의 계시가 필요했던 것은 제2위이신 성자와 제3위이신 성령께서 인류 구원을 위해 하실 일이 하느님의 영원한 계획에 들어 있었기 때문이다. 삼위일체의 계시는 유일신을 받들던 사람들이 그야말로 크게 놀라 자빠질 일이었다. 하느님께 아드님이 계시고, 그 아드님이 여자의 몸에서 사람의 아들로 태어난다는 것은 상상만 하더라도 신성 모독의 죄를 저지르는 것이었다. 성자 예수님이 수치스러운 십자가형을 받은 것도 신성 모독죄를 저질렀다는 이유에서였고 초대 교회 신자들이 유다교로부터 박해를 받은 이유도 그러했다. 하느님의 무한한 사랑과 능력을 인간의 좁은 관념의 틀에 가두려는 사람들에게는 성자가 사람의 몸을 취하심은 말이 되지 않는 이야기였다.

또한 원죄가 없었다면 하느님과 인간의 관계는 창조주와 피조물의 관계에 불과했을 것이다. 그런데 원죄가 그 관계를 가족 관계로 만드는 계기가 됐다. 두 복음서에는 예수님의 족보가 나온다. 마태오 복음서 첫머리에는 예수님이 아브라함의 족보에 올라 있고(마태 1,1-17 참조) 루카 복음서에는 아담이 예수님의 원조로 되어 있다(루카 3,23-38 참조). 바로 예수님이 유다인과 인류의 족보에 올랐다는 증명이며 하느님이 우리 인간의 일가가 되셨다는 증명이다.

하느님은 사람의 일가가 되기 위해 마리아를 선택하셨다. 이로써 성모 마리아는 가장 먼저이자 가장 완전한 하느님의 일가가 되셨다. 그분은 하느님 아버지의 딸이며 성자 예수님의 어머니이시고 성령의 짝이시다. 이보다 더 명확하게 일가를 묘사할 수 있을까? 묵주 기도를 바칠 때 정식 신비로 들어가기 전에 성모송을 세 번 외운다. 예전에는 이때 마리아가 성부의 지극히 거룩한 딸 되심과, 항상 동정이신 성자의 어머니 되심과, 성령의 지극히 정결한 짝이 되심을 찬미했다. 언제부터인지 그 기도가 사라져 버려 매우 서운하다.

성모 마리아는 교회의 모상이시다. 그분 안에서 우리는 교회, 즉 하느님의 백성을 본다. 하느님의 아드님은 성령으로 인하여 동정 마리아에게서 나심으로써 사람의 아들이 되셨다. 한편 인간은 성령으로 인하여 하느님의 자녀가 되었다. 그와 동시에 예수님은 우리의 형제가 되셨다. 하느님의 사람 되심과 인간의 신이 되심은 놀랍기 그지없는 상호 교환이다. 하느님의 생각과 인간의 생각, 하느님의 길과 인간의 길이 다르다는 것은 성자의 강생과 제2의 육화라고 할 수 있는 성체성사에서 가장 두드러지게 나타났다. 하느님이 창조 사업을 하실 때는 당신의 사랑과 전능 중에 일부만 쓰셨지만, 구원 사업에서는 그 전부를 발휘하신 것 같다.

아담의 범죄와 하느님의 구원은 전화위복의 표본이며 그 모체가 된다. 나는 모든 화가 연결됐다고 믿는다. 신앙이 없는 사람은 화만 볼 뿐 그 뒤에 숨겨진 복을 보지 못한다. 가령 인생에서 가장 큰 화인 죽음이 최고의 복인 영복에 연결됐음을 알지 못한다. 사건이나 사고의 현상만 볼 뿐 그 의미와 그것이 가져다줄 복은 보지 못한다. 인류 역사는 사건 사고의 현상과 현실만 보고 그것이 지닌 하느님의 메시지를 알지 못해 사람들이 복을 얻지 못한 역사라고 해도 지나친 말이 아닐 것이다. 카를로 카레토 수사는 '불의와 굶주림으로 생지옥 같은 인생, 어린아이의 죽음, 교통사고로 두 다리를 잃은 사람, 하루아침에 화재로 집을 잃게 된 가족, 고생 끝에 찾아온 행복이지만 백혈병에 걸린 사람 등'을 예로 들면서 인간의 불행을 언급했다.

성 요한 바오로 2세 교황님도 '폭력에 내던져지고 모욕당하고 버려진 아이들, 성폭행과 혹사를 당하는 여인들, 소외된 젊은이들과 어른들과 노인들, 줄지어 가는 피난민들, 세계의 여러 곳에서 벌어지고 있는 충돌과 분쟁들,

인간 생명을 위협하는 죽음의 그림자들, 특히 싹터 오르는 생명과 자연적인 생의 종말을 위협하는 죽음의 그림자들, 마치 인간이 자신이나 타인 생명의 주인인 양 죽음이 오기 전에 그것을 재촉하는 세태 등' 인생의 어두운 면을 지적하셨고, 생명과 인간 존엄성에 대한 교회의 가르침을 바탕으로, 모든 폭력과 착취를 거부하며 이를 종식시켜야 한다고 호소하셨다.

신앙이 없다면 이 모든 일의 현상과 현실만을 볼 것이다. 그러나 이것을 세상에 복을 가져다줄 수 있는 화라고 주장할 수 있는 것은 전화위복의 주님이신 하느님에 대한 신앙으로 가능하다.

그리운 나의 주님

그리움에 대한 시와 노래는 허다하다. 그리움을 다룬 시 가운데 특히 인상적인 시는 이은상의 〈가고파〉다. 그가 고향을 떠나 살면서 그곳에 돌아가지 못할 무슨 사연이 있었는지는 몰라도 그 시를 대하노라면 애달프고 처절하기까지 한 그의 심정에 공감하게 된다.

그리움은 억지 감정이 아니라 인간의 천부적 감정이다. 끌려 나오는 감정이 아니라 우러나오는 감정이다. 우리는 모르는 사람을 그리워하지 않는다. 그러나 잘 아는 사람이라 할지라도 그에 대한 사랑이 없으면 그를 그리워하지 않는다. 사랑이 있어야만 그리움을 느낄 수 있는 것이다.

나는 그리움의 정을 풍부히 타고난 것 같다. 어렸을 때 우리 집에 와서 묵고 가는 친척들이 떠날 때 그 뒷모습의 잔상이 좀처럼 머리에서 사라지지 않아 괴로울 때가 많앉다. 허전한 마음을 달랠 길 없어 눈물을 흘린 일도 드물지 않았다. 소학생 시절에는 우리 학급을 담임한 일본인 선생이 있었는데 그분과 나는 사이가 좋았다. 그런데 그분이 신병으로 치료를 받으러 먼 도시로 가게 되었다. 그분은 다시 돌아오지 못할 것이라는 말을 남기고 떠났는데 나는 그분에 대한 그리움을 달래지 못해 슬퍼했었다. 다행히 그분은 몇 달 동안 치료를 받고 건강을 되찾아 복귀하였는데, 그때의 기쁨을 지금도 기억한다.

생후 처음으로 그리움에 사무친 적이 있었는데 내 나이 다섯일 때였다. 내가 백부를 따라 먼 곳에 있는 그분의 집에 갔을 때 일이다. 하루가 지나기도 전에 심한 그리움의 정이 우러나오는 것이었다. 그것은 부모 형제와 우리 집에 대한 그리움이었고 소꿉동무들과 우리 마을에 대한 그리움이었다. 나는 그리움에 사무쳐 주체하지 못하였다. 백부에게 집에 데려다 달라고 애원했으나 거절당하자 어느 방향으로 가야 할지도 모르면서 무작정 백부의 집을 뛰쳐나왔다. 결국 나는 조모에게 붙잡혀 볼기를 얻어맞고 주저앉고 말았다. 이러한 체험이 훗날 내가 가지게 될 초자연적 그리움의 비유가 되었다. 곧 하느님과 그분이 계신 곳(하늘나라)에 대한 그리움, 하느님의 부르심을 받고 내 곁을 떠난 이들과 그들이 가 있는 곳(하늘나라)에 대한 그리움의 비유였던 것이다.

초자연적 그리움은 하느님의 큰 은혜다. 사랑을 전제로 하기 때문이다. 교리나 신학 지식은 그리움을 주지 못한다. 하느님 사랑을 체험하기 어렵기 때문이다. 사랑과 그리움은 항상 함께 다닌다. 사랑이 있어야 그리움이 있는 것이고, 그리움 없이는 사랑도 없기 때문이다. 그리고 그 둘은 정비례한다. 성경에서 보면 마리아 막달레나 성녀가 그 좋은 표본이다. 그래서 나는 하느님의 사랑을 더 많이 체험하기를 바란다. 그래야 하느님을 더욱 그리워하게 될 것이기 때문이다. 자연이나 사람, 또는 내 주변에서 일어나는 일에서 하느님의 사랑을 깊이 체험하기를 바란다. 하느님에 대한 나의 사랑이 아니리 나에 대한 하느님 사랑을 체험하라는 말이다.

우리 교회는 영적인 그리움에 대한 시나 노래를 헤아릴 수 없이 많이 간직하고 있다. 시편은 하느님을 그리워하는 애절한 부르짖음을 들려준다. 베르나르도 성인이 지은 것으로 알려진 〈예수님에 대한 달콤한 기억Jesu Dulcis Memoria〉은 내가 좋아하는 시요, 노래다. 거기에서 나는 예수님의 사랑을 체험한 사람만이 그분을 그리워한다는 사실을 깨닫는다.

〈못 죽어 죽겠음을Muero porque no muero〉은 아빌라의 데레사 성녀가 지은 시다. 죽어야만 그리운 임을 있는 그대로 보고 그리움을 풀 수 있기에 죽지 않고 살자니 죽을 지경이라는 것이다.

못 죽어 죽겠음을[*]

사노라 나 안에 아니 살며
높이곰 살기가 원이로라
어져 못 죽어 죽겠음을

---

[*] 최민순 지음, 《님·밤-최민순 시집》, 가톨릭출판사, 2021년, 207-210쪽.

사랑으로 죽은 뒤론
이미 나 밖에 사노매라
당신 위에 날 사랑하신
님 안에 사는 탓이어라

님께 내 마음 바쳤을 때
그 속에 이 글을 적었노라
"어져 못 죽어 죽겠음을"

내가 사는 하늘스런
사랑의 이 옥살이로
님은 내 포로 되어 주고
내 맘은 풀려 놓였노라
님이 내 포로 되시는 꼴
보고지고 보고지고
어져 못 죽어 죽겠음을

아으 지루타 이승살이

머흐도 머흘사 귀양살이

항쇄 족쇄 이 감옥에

영혼이 묶여 사노매라

벗어날 일 기다림만도

뼈 저리는 아픔일라

어져 못 죽어 죽겠음을

님 못 누리는 그 살이가

아으 얼마나 쓰거운고

사랑이 긔 좋다한들

지리한 기다림은 아닌 것을

강철 도곤 무지근한

이 짐을 님하 벗기소서

어져 못 죽어 죽겠음을

언젠가는 죽으리란

믿음 하나로 사노매라

죽으면서 사는 길이

내 소원을 다짐하나니
죽음아 너로 해 삶이 오거니
더디지 말라 바자니노라
어져 못 죽어 죽겠음을

굳셀손 사랑이로다
목숨아 내게 번거이 말라
너를 얻으려 널 버리는 것

이것만이 네 차지란다
오려무나 달가운 죽음아
거뜬한 죽음아 오려무나
어져 못 죽어 죽겠음을

거짓 없는 참스런 살이
저승살이가 그 아닌가
이승살이 죽기 전엔

살아서는 못 누리나니
죽음아 나를 외면치 말라
먼저 죽어서 살자쿠나
어져 못 죽어 죽겠음을

나 안에 사시는 내 님에게
목숨아 무엇을 내 드리겠나
살뜰히 그 님을 모시려니

너를 버려야 하겠구나
님 두고 내 사랑 또 없느니
차라리 죽어서 뵙고지고
어져 못 죽어 죽겠음을

 나는 내게 풍부한 그리움의 은혜를 심어 주신 하느님께 늘 감사하면서 지낸다. 신앙생활이나 영성 생활은 그리워하는 생활이다. 아버지의 집, 곧 성삼위, 성모님, 모든 천사와 성인 성녀들이 계시고 또한 이 세상에서 함께 생을 나누던 형제자매들이 가 있는 그 집을 그리워하는 생활을 말이다.

내가 하느님을 그리워하려면 내 감정이 순수해야 된다. 감정이 무디거나 마음의 상처를 가지고 있으면 하느님을 제대로 사랑할 수도 그리워할 수도 없는 것이다. 그래서 나는 날마다 내 감정을 살펴보면서 "굳어 있으면 풀어 주시고 상처가 나 있으면 아물게 해 주십사" 하고 주님께 청한다.

또 한 가지 중요한 것은 하느님에 대한 사랑이나 그리움을 얘기할 때 성령을 말해야 한다는 것이다. 그분이 이 일을 주관하시는 분이기 때문이다. 성령께서는 관계와 인연의 하느님이시다. 그러기에 사랑과 그리움은 그분의 선물이다. 따라서 당연히 성령께 그 선물을 언제나 청하고 바라는 자세로 살아야 한다.

믿음과 은총으로

"Fide et Gratia(믿음과 은총으로)." 이것은 내 주교 문장에 들어 있는 표어다.

내 신앙은 모태 신앙이다. 나는 어머니의 젖을 먹으며 하느님에 대해 배웠고, 취학 전 어린 나이에 귀로 듣고 배운 주요 기도문과 교리를 잘 외운 덕분에 본당 신부님으로부터 상을 받기도 했다. 그 후 예수님을 배워 알게 됐고 신학 공부도 하게 됐다. 적지 않은 신학 서적을 읽었고 저명한 신학자들의 강의도 들었다. 부끄러운 얘기지만 나는 신학자로 인정받기까지 했다. 어찌 보면 그리스도인의 표본으로 보일 수도 있을 것이다. 그런데 바오로 성인은 '내가 하느님과 비인격적인 관계의 직업적인 신앙인 또는 명목상의 그리스도인이며 사제일 뿐'이라고 하셨다. 이게 무슨 소리인가! 나는 그분의 선언에 큰 충격을 받아 스스로를 점검했다. 생각해 보니 내가 매일 몇 차례

씩 "하늘에 계신 우리 아버지" 하고 부르면서도 하느님을 아버지로 느끼지 못했고, 입버릇처럼 늘 "주님" 하고 부르면서도 예수님을 주님으로 체험하지 못했던 것이다.

소위 영명 축일을 맞이할 때마다 나는 부끄러운 느낌이 들었다. 나의 수호성인과 거리가 너무 멀었기 때문이다. 무엇보다도 주님에 대한 충성과 사랑 면에서 그러하였다. 이외에도 신자들과 교회에 대한 애정과 선교에 대한 열의 면에서 그러하였고 사목자적 정신과 자세 또한 그분과의 거리를 좁히지 못했다. 이러한 거리는 그분과 나와의 2,000년이라는 시간적 차이만큼 너무나 멀었다. 이러한 사정으로 인해 나는 사제가 되고 나서도 여러 해 동안 내 수호성인이 잘못 정해졌다고 생각했다. 내게는 너무 어울리지 않는, 모시기에 벅찬 분으로 생각되었던 것이다.

그런데 어느 날 주님께서는 바오로 성인을 내 수호성인으로 정한 것은 당신의 뜻이었음을 깨닫게 해 주셨다. 그리고 수호성인은 내가 그분의 덕을 본받기 위한 것만이 아니라 내 생활을 보호해 주고 나를 위해 기도해 주는 것이 그분의 더 큰 역할이라는 것을 깨닫게 해 주셨다.

바오로 성인은 믿음과 은총에 대하여 깨우쳐 주셨다. 그분은 에페소 신자들에게 보낸 서간 2장 8절에서 이렇게 말씀하셨다. "여러분은 믿음을 통하여 은총으로 구원을 받았습니다. 이는 여러분에게서 나온 것이 아니라 하느님의 선물입니다." 이 밖에도 구원에 대한 기본적이고 중요한 사상이 그분의 모든 서간, 특히 로마 신자들에게 보낸 서간 도처에 맥박치고 있음을 알려 주셨다.

그리하여 이제는 오직 감사하는 마음과 기쁨 가운데 편안하게 바오로 성인을 사랑하고 존경하며 따르는 동시에 그분의 보호와 전구를 청하며 살아가고 있다.

주님이 주신 특혜

평균 수명을 뛰어넘어 장수의 특혜를 누리고 있는 나는 문득문득 무엇에 깜짝 놀라 소리 지르는 사람의 심정이 된다. 그리고 놀랍고 기쁜 마음으로 주님께 감사의 노래를 부르게 된다.

그리 많지 않은 연세로 영생으로 들어간 한 스승님으로부터 천수를 다한 기쁨을 노래하는 소리를 들은 적이 있다. 그분은 사제로서 자신의 생의 종말은 무심히 살다가 또한 무심히 마치는 것이라 하셨다. 주님께서는 평소 그가 간직하고 있던 그 소원대로 해 주신 것이다. "아, 복되어라. 그의 죽음이여!"

그리고 나는 한 분의 특별한 선배 대주교를 모시고 있다. 그분은 한국의 성직자 중에서 가장 오랜 생을 누리시어 백수白壽를 경축한 지 이미 몇 해가 흘렀다. 그런데 이곳 제주교구에서도 나의 백수를 두고 경축 행사가 준비

되고 있다는 소식을 듣곤 한다.

이 어인 일인가! 사제가 된 지 5년이 되던 해에 앞으로는 5년 정도밖에 살지 못한다는 의사의 진단을 받기도 했던 내가 이렇게 오랜 세월을 살고 있으니 그저 감격할 뿐이다. 그러므로 주님께 사랑의 송가요, 감사의 송가를 부르게 된다.

나는 나의 죽음에 대하여 주님께서 은밀히 예고해 주시는 소리를 들었다. 나의 죽음의 시간과 상황에 관한 것인데 그것을 한두 차례 여기저기서 느끼게 되니 꼭 그렇게 되리라는 심증이 박힌다.

영광이 성부와 성자와 성령께 이제로부터 영원히 이어주소서. 아멘!

사랑의 송가

주여 거두어 주소서.

주여 거두어 주소서.

해 저물어 어둑하니

주여 함께하소서.

세상이 날 몰라라 하니,

영원한 도움의 주여

거두어 주소서.

세상사 쏜살같이 가고,

세월은 덧없이 흘러가는구나.

삼라만상 변하고,

부질없이 흩어지네.

주 홀로 변치 않으니,

주여 거두어 주소서.

주 함께 계시니
나 두렵지 않네.
아픔도 잠시이고,
죽음도 이겨 내리.
그래, 나 승리하리라.
주여 거두어 주소서.
구원의 십자가 들고,
주님 목 놓아 기다릴 때,
하늘 문 가까이 다다르니,
나 기꺼이 나아가리다.
살아서도, 그러고 나서도,
주여 거두어 주소서!
주여 거두어 주소서!!
아멘.

진짜 행복

사람들이 바로 저 언덕 너머에 행복이 있다고 떠들어 대기에 귀가 솔깃하여 바로 저 언덕 너머로 젖 먹던 힘까지 다하여 그 험한 언덕을 기어올랐다. 그러나 그 아래를 보니 이러한 생각이 들었다.

'아! 허망타! 그것은 한낱 공중누각*이더라.'

사랑하는 나의 벗이여, 그대를 나처럼 사랑하기에 그대에게만 조용히 알려 주노니, 행복은 다른 곳에 있는 것이 아니라 그대 곁에 있느니라. 아니, 그대 영혼 안에 있느니라. 그대가 할 일은 오직 그대 영혼에 숨어 있는 행복을 찾아내어 그 행복을 누려야 하는 것이다. 그러면 내가 그대에게 장담하노니 그대 영혼은 진정한 부자가 되리라.

---

* 공중누각空中樓閣: '신기루'를 달리 이르는 말. 공중에 떠 있는 누각이라는 뜻으로, 아무런 근거나 토대가 없는 사물이나 생각을 비유적으로 이르는 말이다.

굴레에서 벗어나기

나는 본래 나서기를 좋아했다. 그런데 지금은 몸을 사리는 사람으로 변하였다. 아니 어째서 그렇게 되었는가? 그것은 내 주변의 가까운 사람들이 성화같이 나더러 사고를 당할 위험이 있으니 바깥출입을 삼가라는 것 때문에 그리 된 것이다. 나는 그 권유대로 몸과 마음의 자유를 잃고 노후 생활을 하는 신세이다.

나는 이 굴레를 벗어 버리고 나서기 좋아하는 본래 성격을 되찾고자 애쓴다. 내가 상대방의 의사를 묻지 않고 덮어놓고 글을 써 보내는 것도 그 굴레를 벗어 버리는 하나의 수단이다.

꿈이면 깨지 마라

나는 꿈쟁이다. 나는 꿈을 잘 꾼다. 밤낮없이 잘 때마다 꿈을 꾼다. 여간해서는 꿈을 안 꾼다는 친구의 말을 듣고 나도 꿈 없이 자고 싶어서 주님께 그 벗처럼 꿈 없는 날을 섞어 주십사 하고 청해 보았다. 그런데 그 기도는 효력이 없었다.

좋은 것만을 주시는 하느님이심을 굳게 믿기에 내가 꿈을 꾸는 것이 나쁘거나 해로운 것이 아닐 것이라는 생각이 들었다. 그러면서 엉뚱하게 '예수님도 꿈을 꾸셨을까?' 하는 생각이 드는 것이었다.

그분이 꿈을 꾸셨다는 기록은 성경에서 찾아볼 수 없지만, 그분도 꿈을 꾸신 분이라는 것을 추측할 수 있다. 가령 그 많은 제자 가운데서 열두 사도를 뽑아 세우시기 전날 그분은 산에 오르시어 홀로 묵상을 하셨을 때 추측하건대 그때 하느님 아버지의 영감을 받으셨으리라 여겨진다.

우리 구원사에서 꿈은 중요한 자리를 차지하고 있다. 꿈을 통해서 하느님께서는 인류 구원의 매우 중요한 것을 가르쳐 주시기도 하고 예견하게 해 주시기도 하셨기 때문이다. 만일 요셉 성인이 꿈에서 천사의 지시를 받지 않았다면 분명히 아기 예수와 그 어머니는 헤로데에 의해 목숨을 잃었을 것이다. 만약 그랬다면 우리의 구원이 이루어지지 못했을 것이다. 이는 불 보듯 명백한 일이 아니었겠는가?

그래서 나는 "꿈이면 깨지 마라."라고 기도를 매일 바치고 있음을 주저 없이 고백한다.

나는 고령자
(지금으로부터 20년 전 이야기)

나는 고령자요, 장수자다. 2004년 한국 남자의 평균 수명인 74.5년을 훨씬 넘게 살아오고 있으니 사람들이 "이런" 하는 것이다. 여러 병을 앓고 있고, 잔병치레 하고 있어 자주 병원을 찾는다. 시력과 청력을 비롯하여 오장육부에 조금씩이나마 문제가 없는 데가 없고 또 일생 내내 붙어 다니는 수전증이 있어서 나 스스로 지체 부자유자 또는 불구자, 더 실감 나게 표현하여 병신임을 인정하고 있는 터이지만 전반적으로 건강 상태는 양호하다. 식욕도 고령자치고는 왕성한 편이다.

내 겉모습을 보고 노익장이라고 말하는 이들을 심심찮게 만난다. 내가 중병에 걸려 살날이 얼마 안 남았다는 소문도 퍼진 터라, 내가 아직 살아 있을 뿐만 아니라 거의 날마다 두 시간 정도 소요逍遙를 즐기며 사는 것을 아는 사람들은 나의 생존을 기이하게 여기며 그 비결에 대해

궁금해하는 모양이다.

건강하게 오래 사는 방법이나 비결은 여러 가지 있을 터이다. 내 건강의 비결을 굳이 말하자면 주님과의 관계를 들지 않을 수 없다. 더 정확히 말하면 '예수님의 이름'과 자주 긋는 '십자 성호'와 관련이 있다. 그리고 성모님에 대한 신심과도 관련이 있다. 사실 나는 '영원한 도움의 성모님'께 나의 일을 온통 맡겨 놓고 살아간다. 이 밖에도 천사와 성인 성녀들, 특히 내가 '담당 성인'이라고 부르는 분들에 대한 신뢰심과 공경도 거기에 포함된다.

나는 하느님을 그리워하며 살고 있고 믿음과 애정을 가지고 무시로 예수님의 이름을 부르는 것은 나에게 참으로 기쁜 일이다. 그분의 이름에는 능력이 있고 치유가 있다는 것을 종종 체험하며 지낸다. 그분께서는 내가 당신의 이름을 부르고 그 이름을 이용하기를 원하신다는 것도 알고 있다. 그래서 자주 그분의 이름을 부른다. 미신이 행해지는 곳, 다툼이 있는 곳, 미움이나 악습에 묶여 있는 곳이면 어디서나 그분의 이름을 불러 내쫓거나 가라앉히고 혹은 풀어 주기도 한다. 나는 이 모든 것을 언제

나 성모님을 옆에 모시고 성령 안에서 행한다.

언젠가 '노후 대책'이라는 제목으로 쓴 어느 자매의 글을 읽은 적이 있다. 그 자매는 반신불수의 친정어머니가 불편한 몸과 그로 인한 고통과 고독에도 기쁘게 사는 모습을 보았다고 한다. 그 비결이 바로 묵주 기도에 있다는 사실을 깨닫고는 묵주 기도야말로 매우 좋은 노후 대책임을 믿게 되었다고 했다. 그 자매가 나를 찾아와서 본다면 역시 같은 말을 할 것이다. 나 역시 묵주 기도를 자주 바치면서 기쁘게 살고 있기 때문이다.

이렇게 사노라면 인생살이가 재미있게 된다. 성령이 주시는 열매 중 하나로 내가 꼽는 이 '재미'는 노년기에 슬며시 들어오려는 우울증을 얼씬 못하게 만드는 것 같다.

어찌 보면 자기 자랑 같은 이 글이 실은 좋으신 우리 주님을 영광스럽게 해 드리고자 쓴 글임을 말해 두고 싶다.

Soli Deo Gloria! (오직 하느님께만 영광을!)

남기고 싶은 글

감사는 나의 성소

은총을 얻게 해 주는 감사

은퇴 생활로 들어선 지 얼마 안 됐을 때 주님은 내게 이런 말씀을 들려주셨다.

"너는 죽었어도 벌써 두세 번은 죽었을 몸이다. 그런데도 너는 아직까지 살고 있다. 너희 나라 남성 평균 수명보다 더 오래 살고 있으니 장수하는 것이 아니냐. 내가 이유 없이 네 생명을 연장시켜 준 것이 아님을 알아라. 이제 내 뜻을 말하겠다. 한마디로 감사하는 사람이 되어라. 네가 사는 동안 꾸준히, 매 순간 내게 감사하는 마음으로 살다가 내게 오도록 하기 위해서다. 그리고 좋은 기회든 나쁜 기회든 만나는 사람마다 붙들고 내게 감사하도록 권고하여라. 나는 모든 사람에게 아낌없이 은혜를 내려 주지만 그들로부터 내게 오는 감사는 보잘것없다. 너희 감사가 내게 필요한 것이 아니다. 너희에게 필요하기 때문에 이런 말을 하는 것이다."

이 말씀을 듣고 나니 복음서에서 예수님이 고쳐 주신 열 명의 나병 환자 가운데 오직 한 사람만이, 그것도 이방인이 감사드리러 왔다는 이야기가 큰 상징적 의미가 있음을 새삼 깨달았다. 그리고 헤아릴 수 없이 큰 은혜를 받으면서도 이를 베푸신 하느님께 넉넉히 감사드리지 못하고 살아온 나 자신이 부끄러워졌다. 마침 그즈음에 소화 데레사 성녀가 쓴 감사에 관한 이런 글을 읽었다.

"나는 일어나는 일에 대해서 비록 이해하지는 못하더라도 웃으면서 감사를 드립니다. 그리고 항상 좋으신 하느님 앞에 행복한 모습을 드러냅니다. 좋으신 하느님의 은총을 가장 잘 얻게 해 주는 것은 다름 아닌 감사입니다. 우리가 그분께 어떤 은혜에 대해서 감사를 드리면 그분은 감동하시어 우리에게 그 열 배의 은혜를 주십니다. 난 그것을 경험했습니다."

감사를 드리지 않고 살아온 것은 아니었지만 주님의 말씀과 데레사 성녀의 이야기를 접하고 부끄러웠다. 또한 감사를 많이 드리겠다고 결심했다. 그러자 감사하면 감사할 일을 열 배로 늘려 주신다는 데레사 성녀의 말씀이 사실임을 알게 됐다. 새로운 은혜보다는 이미 받은 은혜를 새삼 깨닫게 됐다. 어디를 둘러보나 감사할 거리가 아닌 것이 없었다. 80여 년 동안 하느님이 내게 베풀어 주신 은혜가 많다 못해 셀 수 없음을 깨달았다. 감사할 일이 너무도 많고, 감사해야 할 사람 역시 셀 수 없이 많음을 알았다. 내 삶이 하느님의 은총과 은혜로 가득 찼다는 사실에 압도됐다. 그 은혜에 감사하다 보니 은혜가 기하급수적으로 늘어나 감사할 거리가 끝없이 이어졌다.

그 하나하나에 감사하다가는 아무래도 남은 삶이 모자랄 것 같아서 이른바 '은혜들의 합동 감사'를 생각해 냈다. 각종 무수한 은혜를 한데 모아 감사 미사와 감사 기도를 드리는 것이 나의 일과가 됐다. 좀 과장된 말이지만 나의 하루는 감사 기도로 채워진다. 그래서 은수 생활이라고는 하지만 정중동*의 생활이다. 그러다 보니 현역 사목자 못지않은 바쁜 생활을 한다.

---

* 정중동靜中動: 조용한 가운데 움직인다는 뜻.

나를 위해 모든 걸 마련해 주시는 하느님

주님이 나를 살리기 위해, 또 나의 구원을 위해 헤아릴 수 없이 많은 선물을 주신다는 사실을 새삼 깨달았다. 그분이 내게 지구와 우주를 만들어 주셨고 무한한 자연과 초자연의 선물과 무수한 동식물을 주셨다. 그리고 나를 위해 성모님을 비롯하여 수많은 천사들과 성인 성녀들을 움직여 오셨다. 그분은 내 구원을 위해 많은 신자들로 하여금 기도와 희생을 바치게 하셨고, 내가 생계를 유지할 수 있게도 하셨다. 그뿐만 아니라 내가 세상을 살아갈 수 있도록 과거와 현재를 통해 수많은 사람들을 써 오셨다. 내가 받은 자연과 초자연의 복이 헤아릴 수 없이 크지만 인복人福도 헤아릴 수 없이 크다. 앉거나 서거나 모든 것이 인복 안에서 이루어진다. 내가 입는 옷, 지금 사는 집, 내가 먹고사는 것 모두가 내가 만든 것이 아니다. 가축을 사육하지도 않았고 물고기를 잡아 올리지도 않았다. 음식도 내가 짓지 않았다. 그 모든 것을 누군가가 나를 위해 해 주었다. 내가 걷는 그 길도 내가 만든 것이 아니며 자동차도 내가 만든 것이 아니다. 누군가 나를 위해 만들었다. 운전도 내가 하는 것이 아니고 다른 이가 나를 위해 해 준다. 내가 타는 비행기도 마찬가지다. 누군가 나를 위해 만들었다.

다시 말하지만 나는 무엇을 하든 인복을 누리며 산다. 우리가 공기에 싸여 살듯이 나는 언제 어디서나 인복에 싸여 산다. 인복을 누린다는 것은 바로 하느님의 사랑을 누린다는 것이고, 인복에 감싸여 산다는 것은 하느님의 사랑에 감싸여 산다는 것이다. 자연에 도취되어 시를 쓰고 노래를 지어 불러도 하느님과 관계가 없다고 느낀다면 별 의미 없는 일이다. 사람들에 대한 고마움을 아무리 강하게 느낀다고 해도 그들을 통해 복을 주신 하느님께 고마움을 느끼지 않는다면 그런 고마움은 별 가치가 없는 것이다. 결국 하느님의 사랑에 고마움을 느껴야 이 세상에서 나를 위해 애쓴 모든 사람이 준 복을 제대로 느끼게 되는 것이다.

그래서 나는 부단히 감사하며 생활한다. 몇 가지 예를 든다면 나는 면도할 때마다 수전증으로 불편을 겪는 나를 위해 안전 면도칼이나 전기면도기를 만들게 하신 주님께 감사드린다. 아울러 그것들을 개발 및 제작하고 유통 및 판매한 모든 사람을 생각하며 그들에게도 감사하는 마음을 가진다. 내 면도 하나를 위해 주님은 그 많은 이들을 움직이신 것이다. 또한, 비행기로 여행할 때 나를 위해 주님이 쓰시는 모든 이들, 공항 근무자와 기내 조종사를 비롯한 승무원, 비행기를 발명하고 개발해 온 사람들, 내가 타고 있는 비행기를 만든 사람 등 모두를 기억하며 우선 주님께 감사드린 다음, 그들에게도 고마움을 느끼며 기도해 준다.

내 의식주를 위해서도 얼마나 많은 사람이 동원되는지 모른다. 생산업, 제조업, 가공업, 유통업, 판매업 등에 종사하는 사람이 얼마나 많은지 헤아릴 수가 없다. 나는 산 이와 죽은 이 모두에게 감사의 마음을 가지며 또한 그들을 위해 기도한다. 비록 그들은 나를 알지 못하고 또 내가 그들을 알지 못한다 하더라도 주님이 맺어 주신 인연이므로 나는 그들을 위해 기도한다. 그래서 식사 전 기도를 드릴 때 "이 음식과 저희에게 강복하소서." 하는 부분에서 이 음식을 먹기까지 관여한 모든 사람들, 생산업자부터 음식을 조리하신 수녀님들까지를 '저희'에 포함한다. 그리고 식사 후 기도의 "저희에게 베풀어 주신 모든 은혜에 감사하나이다." 하는 부분에서 주님이 베푸시는 많고도 많은 모든 은혜를 떠올리며 한 번에 정성을 다해 기도드린다.

나는 감사를 생활화하는 것이 매우 중요하다고 생각한다. 이렇게 감사가 생활화되다 보니 성직자, 수도자, 평신도를 막론하고 만나는 사람 모두에게 자연히 감사를 이야기하고 권유하게 된다. 나는 슬며시 '감사의 사도'로 자처하게 됐다.

어떤 처지에서든지 감사하는 삶

테살로니카 신자들에게 보낸 첫째 서간 5장 18절에는 성 바오로 사도의 유명한 가르침이 나온다. 공동 번역 성서에는 "어떤 처지에서든지 감사하십시오."라고 되어 있고, 새 성경에는 "모든 일에 감사하십시오."라고 번역됐는데 둘 다 같은 뜻이다. 이는 처지를 가리지 말고 또는 일을 구별하지 말고 감사하라는 말씀이다. 감사할 처지가 있고, 감사하지 않아도 될 처지가 따로 있다거나, 감사할 일이 있고, 감사하지 않아도 될 일이 따로 있다는 것이 아니다. 마음에 드는 일이든 마음에 들지 않는 일이든 감사하고, 좋은 일이든 언짢은 일이든 똑같이 감사해야 한다는 가르침이다. 생로병사 하는 인생에는 희로애락이 가득 차 있다. 그러나 어떠한 경우에라도 감사해야 한다. 어떤 일에는 웃으면서, 또 어떤 일에는 울면서 감사해야 한다. 어떤 경우에는 기뻐하면서, 또 어떤 경우에는 슬퍼하면서 감사해야 할 것이다. 울고 웃는 차이라든가 기뻐하고 슬퍼하는 차이는 있을지 몰라도 감사한다는 사실은 같다.

주님은 내게 감사 훈련을 시키신다. 그래서 나는 처지나 일을 가리지 않고 열심히 감사하는 습관을 기른다. 매일 새로운 소식을 듣는데 기쁜 소식보다는 슬픈 소식, 좋은 소식보다는 나쁜 소식이 더 많다. 그러나 내용에 상관없이 감사를 드린다. 우선 주님의 섭리에 대해 감사를 드린 다음 슬퍼하거나 기뻐하고, 웃거나 울거나 한다. 주님의 그 섭리로 나는 예수님의 수난에 대해서는 울면서 감사하고 그분의 부활에 대해서는 웃으면서 감사한다. 교회의 박해에는 슬퍼하며 감사하고 성인이나 복자의 탄생에는 기뻐하며 감사한다.

나의 주 하느님께 매일 드리는 기도가 있다. 셀 수 없다 못해 무한한 은혜에 감싸인 내가 그 은혜 하나하나마다 모두 감사를 드리는 것 자체가 불가능하므로 그저 감사하는 마음이라도 갖고 살게 해 주시기를 기도드린다. 또한, 이 세상의 그 어떠한 시련과 고생도 나의 그 마음을 약화시키지 못하게 해 주시기를 기도드리며 세상을 떠나는 날까지 꾸준히, 매 순간을 감사의 마음으로 채울 수 있게 해 주시기를 기도드린다.

세상을 바꾸는 감사의 삶

나는 감사가 하느님과의 관계에서 기본적이며 중요한 요소라고 생각한다. 감사하면 분명히 개인이나 공동체의 모습이 좋게 변할 것이다. 감사하는 인생에는 사랑과 평화와 기쁨이 자리 잡을 것이다. 좋은 인연이든 나쁜 인연이든 가리지 말고 모든 인연의 근원이신 하느님께 감사하고 동시에 인연으로 맺어진 사람들에게도 감사하면 큰 변화가 일어날 것이다. 부부간, 부모와 자식 간, 형제자매 간, 이웃 간, 사제 간, 동기간, 동료 간, 상사와 부하 간, 노사 간, 모든 계층 간에 감사하는 일이 체질화되면 세상이 바뀔 것이다. 그렇게 되면 분명히 가정과 사회에 사랑, 기쁨, 평화의 기운이 감돌 것이다. 개인이든 공동체든 감사를 생활화하면 모든 문제가 쉽게 해결될 것이라고 확신한다.

감사와 사과
(퇴임 감사 미사)

주님 안에 친애하는 성직자, 수도자 및 평신도 형제자매 여러분, 교회법에 따라 교황님께 제출한 제 사표가 아직 수리되지는 않았으나 퇴임을 앞두고 오늘의 이 미사를 봉헌하고 싶었습니다.

20여 년 전의 일입니다. 가톨릭대학교에 재직하며 매머드 도시인 서울 그리고 제가 거느리던 약 3천 명의 교직원이 있던 일터를 떠나 산 좋고 물 좋은 외진 곳에 은거하기로 작심했었습니다. 그리하여 우여곡절 끝에 찾아낸 곳은 강원도 횡성 깊숙한 곳에 있는 작은 공소 마을 공평이었습니다. 그런 중대한 일을 성급하게 결정하지 않기 위해서 두 분의 선배 신부님을 모시고 그곳에 가기까지 했습니다. 두 분 중에 한 분은 이미 고인이 되셨고 다른 한 분은 생존해 계십니다. 제 이야기의 증인이 되시는 그분이 마침 이 자리에 와 계십니다. 바로 이 그리산도 몬시

놀이십니다. 그러고 보니 새로운 감회가 솟아오릅니다. 저는 그곳을 제 영주지로 결정하고 해당 교구장님의 승낙도 받아 놓았습니다. 그런데 바로 그때 주님의 꾸지람이 제게 떨어지는 것이었습니다.

"네가 무엇이기에 네 있을 곳을 스스로 정한단 말이냐? 그것을 결정할 자는 네가 아니라 바로 나다. 도대체 누가 내일까지 너를 살려 주겠다고 보증하더냐! 보증할 이는 난데 나는 네게 그것을 보증해 준 적이 없다. 너는 무슨 일이든 나와 상의해야 하고 내 뜻을 받들어야 할 내 종이 아니냐!"

그때 저는 정신이 번쩍 들었습니다. 저도 모르게 부끄러운 생각이 들면서 즉시 "크게 잘못했습니다. 용서해 주십시오. 나의 운명의 주인은 내가 아닌, 주님이십니다. 모든 것을 당신 손에 맡겨 드리며 온전히 백지가 되겠습니다. 앞으로 모든 일에서 당신의 손길을 따라 움직이겠습니다."라고 말씀드렸습니다.

그분의 손길에 따라 움직이다 보니 저는 제주도인이 되었습니다. 그것은 제가 예견하거나 상상하지 못한 일이었습니다. 그러나 제주는 제게 결코 낯선 땅이 아니었습니다. 주님께서 미리 저를 위해 안배해 두신 곳이었습니다. 그때의 제주교구 소속 방인 신부 10명 중에 한 분은 저의 동기 동창생이요, 4명은 저의 제자였습니다. 그리고 나머지 5명의 신부님과 6명의 골롬바노회 신부님들도 아주 낯선 분들이 아니었습니다. 그분들 모두가 친숙한 형제들 같았고 제주도가 처음부터 제 고장처럼 다가와 마치 마음에 그려 오던 아득한 옛날 고향에 돌아온 느낌이었습니다. 천생연분이란 말은 제주도와 저와의 관계를 두고 만들어진 것이 아닌가 싶었습니다.

저는 입도한 후 날이 가고 달이 갈수록 그리고 해가 바뀔수록 제주도인이 된 저의 행운을 더욱 확실히 깨닫게 되었습니다. 제주의 아름다움과 소중함과 고마움을 더욱 강하게 느끼게 되었습니다. 분명히 말하건대 제주는 주님께서 제게 내려 주신 많은 지상적 선물 가운데 첫째가는 것입니다.

하느님께서는 저의 노후에 대해서까지도 마음을 쓰고 계셨다는 것을 깨닫습니다. 은퇴를 앞둔 저를 제 소원과 제 아이디어가 반영된 '새미 은총의 동산'에서 살게 하신 것입니다. 제 뜻과 소원을 깊이 이해하고 기쁘게 받아들여 은총의 동산을 조성했을 뿐만 아니라 그곳을 삶의 터로 내어 주신 친애하는 임피제 맥그린치 신부님께 새삼 감사를 드립니다. 아울러 한 동산 안에서 그분과 이웃하고 살게 된 것을 기쁘게 생각합니다. 게다가 주님께서는 노년에 겪을 제 불편과 고통을 덜어 주시기 위하여 당신의 딸들을 제게 붙여 주시기까지 하셨습니다. 미리내 성모 성심 원장 수녀님이 두 분의 수녀님을 보내 주시어 늙은 이 몸을 시중들게 하시니 저로서 무슨 말을 할 수 있겠습니까! 말문이 막힐 일이요, 필설로 다 표현할 수 없는 일이 아니겠습니까. 은총의 동산에서 은총을 호흡하며 만년을 보내게 된 것과 그곳에서 하늘나라로 옮아가게 된 이 자비로운 섭리를 생각하면 정신이 아찔해집니다. 어찌 눈물 없이 이 은혜를 회상할 수 있겠습니까?

이 자리를 떠나면서 꼭 드리고 싶은 말은 '감사'와 '사과'입니다. 결함 많고 부족한 면이 허다한 이 사람을 쓰신 하느님과 도와주신 성모님에 대한 감사, 받아 주고 이해하고 참아 주고 도와주신 성직자, 수도자와 평신도 여러분에 대한 감사, 교구 포교 사업에 큰 관심을 가지고 격려와 성원을 아끼지 않으신 우근민 도지사님과 김태환 시장님을 비롯한 공직자 여러분에 대한 감사와 기회가 있을 때마다 격려와 조언을 아끼지 않으시고 언제나 따뜻한 시선으로 교회를 보시며 애정 어린 필치로 좋은 기사를 많이 내주시는 언론인 여러분에 대한 감사입니다. 이 모든 감사가 그 하나요, 못난 이 사람으로 인해 여러분에게 필요 이상의 노고를 겪게 하면서도 영적으로는 넉넉히 드리지 못한 데 대한 사과가 그 둘입니다.

저는 세상에 살면서부터 오늘에 이르기까지 많은 분들의 덕으로 살아왔습니다. 가정에서, 학교에서, 사회에서, 교회에서 어디라 할 것 없이 늘 많은 분의 신세를 져 왔습니다. 가정에서 부모님과 형제자매들의 그늘 아래, 교구에서 성직자, 수도자, 평신도, 이분들의 등에 업혀 살아가고 있는 터입니다. 제가 부모님의 사랑과 도움 없이 생을 시작하지 못했을 것과 마찬가지로 저는 교구민 여러분의 사랑과 도움을 받지 않고는 도저히 무엇 하나 할 수 없는 몸이었습니다. 제가 무능하기 때문에 제 주변 사람들이 그만큼 더 큰 희생을 치러야 했던 것입니다. 칠십 평생 저하고 함께 일한 사람들 치고 희생을 치르지 않은 사람은 하나도 없습니다. 저의 지난날을 되돌아보고 또 오늘을 바라볼 때 제 됨됨이와는 상관없이 주님께서는 제 어깨에 자주 책임자의 짐을 지워 주셨습니다. 주님께서 저를 도와주도록 인연 지어 주신 그 많은 사람들은 남달리 고생을 많이 해야 했습니다. 저 때문에 고통을 당하고 희생을 당한 형제자매들에 대해 무거운 채무감을 씻을 길은 없어 보였습니다. 이리하여 주님께 "어찌하면 좋으리이까?" 하고 여쭈어 본 일이 한두 번이 아니었습니다. 주님의 대답을 얻지 못해 오랫동안 쓰리고 안타까운 마음을 안고 지내 오던 차에 마침내 주님의 응답을 받게 되었습니다. 빚 갚는 일은 제가 마음 쓸 일이 아니란 것이 그분의 대답이었습니다. 저의 무능으로 인해 고생한 사람들은 이미 당신으로부터 보상을 받고 있는 것이라 하셨습니다. 그것은 그들의 희생 자체가 당신 앞에서 공로가 되기 때문이라는 것입니다. 제가 빚지고 있다고 여기는 그 많은 사람들은 저의 무능 탓에, 저의 그 무능을 수단으로 공로를 세우고 있으니 그들은 저와의 인연을 오히려 다행으로 여겨야 할 것이라 하셨습니다. 제가 만일 유능한 자였다면 저를 도울 일이 적어지고 그만큼 희생할 기회도 줄어들어 공로도 적어질 것이므로 저 자신이나 그 형제자매들을 위하여 저의 무능을 기뻐하라 하셨습니다.

회자정리인지라 헤어질 이 날을 위해 저는 계속 준비를 해 왔습니다. 제가 무엇을 준비하였겠습니까? 여러분과 정 떼기를 준비해 온 것입니다. 어떤 분이 말씀하시길 애정이 깊었던 어머니가 노망이 드시고 나서는 있는 정 없는 정 모두 끊어 놓고 돌아가시더라는 것입니다. 어쩌면 노망 든 어버이는 가족을 사랑한 나머지 그들이 슬퍼하지 않게 하려고 오히려 그들과 정을 끊어 놓고 세상을 떠나는 것이 아닌가 하는 생각이 듭니다. 여러분이 혹 가지고 있을지도 모를 저에 대한 정을 떼기 위해 저는 지난 18년 8개월 동안이나 노력해 왔습니다. 그 노력은 바로 긴 강론입니다. 왜냐하면 우리 신자들이 긴 강론을 노망만큼이나 싫어한다는 사실을 알았기 때문입니다. 여러분은 저로 인하여 부득이 인내심을 연마해야 했기에 주님으로부터 큰 보상을 받게 될 것이라고 믿어 의심치 않습니다. 이 이야기를 길게 하는 이유는 조금이라도 저에 대한 정을 남겨 두고 있을지도 모를 분들에게 남은 정마저 없애기 위해서입니다.

끝으로 저는 이 자리에서 여러분을 위해 그리고 교구와 제주도를 위해 지금보다도 더 많이, 더 열심히 기도할 것을 여러분 앞에 다짐합니다. 아늑하고 거룩한 동산에서 할 게 뭐 있겠습니까? 기도가 아니겠습니까? 여러분 모두 주님의 사랑과 축복 속에 평안하소서. 아멘.

2002년 9월 2일

김창렬 주교

당하는 때, 구원을 위한 시간
(금경 기념 미사)

감회

어떤 사람이 열세 살 때 약혼을 하고 26세에 결혼을 해서 배우자와 함께 생을 나눈 지 50주년이 되는 날을 맞이한다면 얼마나 감회가 깊겠습니까? 저의 경우도 그렇습니다. 열세 살 되던 해에 간택을 받아, 13년 동안 사제 수업을 하고 26세에 사제품에 올라 사제 생활을 한 지 50주년을 기념하는 날이니 어찌 그러한 감회가 없을 수 있겠습니까? 더욱이 이것은 단순한 인간관계가 아니라 하느님과의 관계이니 그 감격은 얼마나 더 크겠습니까? 금경일을 앞두고 수시로 제가 걸어온 지난날을 회상하게 되었습니다. 그러면서 제 입에서는 서문 성당에서 펴낸 책 제목인 "굽이굽이 사랑이어라"는 그 말이 자주 세어 나왔습니다.

요절을 면하게 해 주신 주님

제 나이 30세, 사제 된 지 5년째 되던 해의 일입니다. 저는 얼마 살지 못하고 죽게 되리라는 진단을 받았습니다. 그때의 제 심경은 죽음에 대한 두려움과 불안감, 덕 닦고 공 세울 시간을 넉넉히 가지지 못하고 사목 활동을 마음껏 펴 보지 못하고 죽어야 하는 억울함, 제가 죽은 뒤에도 생존할 동기 신부들에 대한 부러움 등 착잡했습니다. 그래서 잠 못 이루는 밤이 많았습니다.

그러던 어느 날 은사이신 최민순 요한 신부님이 제 병상을 찾아오셨고 저는 그분과 영적인 대화를 나누게 되었습니다. 제 심경을 묻는 그분에게 앞서 말한 저의 심경을 토로하였습니다. 그때 신부님은 제게 "얼마나 살면 아쉬움이 없겠는가?" 하고 물으셨습니다. 그 물음에 대하여 저는 "50세쯤까지 살면서 은경의 날을 볼 수 있으면 족하겠습니다." 하고 대답했습니다. 이에 그분은 그렇지 않으리라 하셨습니다. "은경 아니라 금경을 지내도 공과 덕에 대한 아쉬움은 그대로 남아 있을 것이네."라고 하시면서 "주님께서 부르시는 날이 죽기에 가장 좋은 날"이라고 확

언하셨습니다. 두 시간 동안의 영적 대화 끝에 제 마음은 평화와 안정을 얻게 되었습니다. 저는 그제서야 가볍고 기쁘게 죽음을 받아들일 수 있었습니다.

그런데 뜻밖에도 제게 죽음을 예고한 그 진단은 오진이었습니다. 그때 그 고비를 넘기게 해 주신 주님께서는 저에게 사제 서품 25주년을 맞이하게 해 주셨을 뿐만 아니라 그 후 25년이 되는 오늘을 맞이하게 해 주신 것입니다. 이날을 맞이하면서 최민순 요한 신부님 말씀의 진실성을 확인하는 바입니다. 이렇게까지 오래 사제 생활을 하면서도 공로나 덕에 대한 만족감을 가진 일은 한 번도 없었기 때문입니다. 살아오는 동안 덕이나 공로가 그때보다 오히려 못하다는 것을 내내 자인해 온 터입니다.

감사

하느님께서는 그동안 저에게 당신 자신을 계속 계시해 주셨습니다. 무한히 신비로우신 당신의 본성과 속성에 대하여 공적 계시로써 제가 배워 믿는 바를 체험하게 해 주셨습니다. 그렇게 해 주시기 위해 저를 살려 두신 것이 아닌가 싶었습니다. 공의 표면은 한눈에 고루 바라볼 수는 없습니다. 하느님도 이와 마찬가지입니다. 제가 서른이 되었을 때에는 당신 신비의 한두 면만을 보여 주셨는데 사제로서 여러 해를 사는 동안에 그분은 당신을 여러모로 보여 주셨습니다. 무엇보다도 저에 대한 당신의 사랑과 자비를 선명하게 보여 주셨습니다. 제가 이전에 보지 못하고 느끼지 못하여 무심하고 무관심했던 주님의 자비로우신 섭리를 보게 하셨습니다. 당신께서 맺어 주신 모든 사람을 종종 제 마음과 눈앞에 떠오르게 하셨습니다. 특히 제주도 및 제주교구와의 인연을 드러내 보이셨습니다. 그 자연과 풍물 그리고 사람들을 보여 주시곤 하셨습니다. 1993년 2월 2일에 쓴 제 수기에는 아래와 같은 주님의 말씀이 들어 있습니다.

"내가 창조와 구원 사업을 벌인 것은 전 인류를 위한 것이지만 너 하나만을 위해서도 나는 같은 일을 했을 것이다. 이 새해의 첫날인 오늘 내가 네게 다시 당부하는 바는 불감증 환자가 되지 말라는 것이다. 더욱이 배은망덕한 자가 되어서는 안 된다는 것이다. 태양, 물, 흙 없이 네가 살 성싶으냐? 그 밖에 네가 자연이라고 부르는 내 조물들 없이 네가 살 성싶으냐? 그것들 없이 네가 생존하지 못한다는 것을 다시 한 번 생각하여라.

네게 깨우쳐 줄 일이 또 하나 있다. 그것은 자연 말고도 또 다른 내 선물이 있다는 것이다. 그 선물이란 사람들을 두고 하는 말이다. 내가 너와 인연을 맺어 준 내 아들딸들을 두고 하는 말이다. 나는 너를 세상에 존재하고 생존하게 하려고 네 부모와 형제자매와 친지들을 주었고 많은 스승과 동료와 선후배를 주었으며 네 동족과 인류를 주었다.

나는 많은 사람으로 하여금 너를 위해 허다한 발명을 하게 하였다. 그래서 너는 전기의 혜택을 누리고 있고 비행기로 여행도 하게 된 것이다. 그들이 비록 너를 생각하며 발명하지 않았지만 나는 그들이 그것을 만들 때에 너를 기억하였다. 아니 너를 위해 그들로 하여금 그것들을 발명하게 하였다. 내 자연의 선물이나 인간의 선물 없이 너는 생물로서, 인간으로서, 또는 사제로서 한순간이나마 존재하지 못할 것이다. 나의 선물 없이 먹지도 마시

지도 입지도 못하고, 살 거처도 마련하지 못하였을 것이다. 너는 너 자신이 짓지 않는 밥을 먹고 네가 만들지 않은 옷을 입으며 네가 짓지 않은 집에서 살고 있는데, 너를 위해 그러한 일들을 아무도 해 주지 않는다면 너는 살지 못할 게 아니냐.

내 사랑을 받고 있는 네가 얼마나 행복한지를 한시도 잊지 마라. 나는 너를 사랑한다. 무한한 사랑으로 너를 사랑한다. 그러나 너는 그것을 제대로 깨닫지 못하고 있다. 나의 그 총애를 마치 예사로운 것인 양, 당연한 것인 양 생각하고 있다. 네가 만일 내게서 거저 받고 있는 그 은혜를 제대로 받아들인다면 너는 지금 감격과 기쁨에 싸여 있을 것이다. 그리고 내 선물인 자연을 잘 대해 주고 형제들을 소중히 여기며 그들에게 감사하는 마음을 가지게 되고 그들을 사랑하게도 될 것이다. 내가 네게 주는 초자연적인 은총에 대해서는 더 말해 무엇하겠느냐? 너를 내 아들로 만들며 영원한 나의 상속자가 되게 하고 내 친아들의 사제직을 나누어 가지게 한 그 은혜가 어떠한 것인지를 네가 제대로 이해한다면 너는 분명히 감격하여 정신을 잃고 말 것이다."

주님의 말씀이 이러한즉 앞으로 제가 죽는 날까지 계속해야 할 일은 감사입니다. 하느님과 성모님에 대한 감사, 모든 천사들과 성인 성녀들에 대한 감사입니다. 그리고 저와 인연을 맺은 모든 분들, 부모님, 모든 스승님, 학우들, 모든 성직자와 수도자, 평신도 분들, 특별히 제주교구의 모든 성직자와 수도자, 평신도 여러분들에 대한 감사이며 모든 도민 분들에 대한 감사입니다.

당하는 때

코헬렛 3장을 펴 보면 제1절에 "하늘 아래 모든 것에는 시기가 있고 모든 일에는 때가 있다."라는 말씀으로 시작하여 "전쟁의 때가 있고 평화의 때가 있다."라는 말씀으로 끝나는 8절 사이에는 두 가지 때가 대비되어 있습니다. '할 때와 하지 않을 때'의 말씀입니다. 코헬렛과 같은 맥락에서 덧붙여질 수 있는 말들이 있는데, 즉 '나서야 할 때가 있으면 물러나야 할 때가 있고, 나타날 때가 있으면 숨을 때가 있고, 능동의 때가 있으면 수동의 때, 즉 action의 때가 있으면 passion의 때가 있다'는 말들입니다. 저는 이제 이 두 번째 때를 지내고 있는 터입니다. 즉 물러날 때, 숨을 때, 수동의 때, passion의 때를 지내고 있습니다. 은퇴가 본래 물러나 숨는다는 말이 아닙니까? 은퇴 생활을 가능한 한 잘 보내기 위해서 은수자로 살고자 합니다. 이러한 저의 노력을 믿을지 안 믿을지 모르지만 한 울타리에서 사는 임피제 맥그린치 신부님을 지난해 11월 23일 성 골롬바노 축일에 만나고 나서 오늘 처음 이곳에서 만났으니 알 만하지 않습니까? 이 시기에 은수자로서의 삶이 아닌 여러 곳에서 나서고 활동한다면 그것은 주님 앞에 또는 사람들 보기에도 볼썽사나운 모습이 될 것이며 결국 주책없고 주제 파악할 줄 모르는 사람이 될 것입니다.

우리의 대사제이신 예수 그리스도께서는 3년간 활동하시고 나서 18시간 동안 고통을 당하셨습니다. 우리는 그것을 그분의 수난이라고 말합니다. 그분은 100% 철저하게 당하셨습니다. 체포당하심, 포박당하심, 연행당하심, 여러 법정에 압송되심, 심문받으심, 뺨 맞으심, 침 뱉음을 받으심, 가시관 쓰심, 편태 당하심, 사형선고 받으심, 조롱과 모욕을 당하심, 모진 수치를 당하심, 십자가 지심, 옷 벗김 당하심, 못 박히심, 죽임 당하심, 그래서 passion, 즉 수난이라고 합니다. 그분의 3년간 활동이, 즉 그분의 능동적인 삶이 인류 구원 사업에서 얼마나 필요하고 가치 있는 것이었습니까? 그러나 그것이 그분의 구원 사업의 전부는 아닙니다. 그것은 한 면일 뿐 또 다른 한 면이 있어야 했습니다. 그것이 바로 당하는 일이었습니다. 이 당함의 시간은 비록 짧았지만 구원 사업을 완결하는 데 반드시 필요했습니다.

은퇴 시기는 생애의 그 어느 시기보다 중요한 시기입니다. 왜냐하면 50년 동안 해 온 저의 사목 활동을 보완해 주는 은총의 시기이기 때문입니다. 이 시기는 제 개인의 구원이나 여러분의 구원을 위해서 유익하고 필요한 것임을 믿어 의심치 않습니다.

오늘 이 미사를 봉헌하고 계신 저의 동창 신부님들은 왕년에 사목의 모든 분야에서 활동하신 분들입니다. 일반 사목이나 특수 사목(교육 기관, 의료 기관 등) 분야에서 책임을 지고 크게 활동하신 분들입니다. 이분들 중 총대리를 지내지 않은 분은 없습니다. 기력도 좋고 왕성하게 활동하시던 분들이 지금은 당하는 시기에 들어가셨습니다. 능동의 시기를 훌륭하게 보내고 나서 이제는 수동의 시기에 들어가신 것입니다. 여기 그렇게 오고 싶어 했지만, 지체 장애로 인해 못 오신 분들도 계십니다. 제가 두루 둘러보니 신체적, 심리적, 정신적으로 갖가지 어려움과 고통, 불편을 겪고 계셨습니다. 소외감과 고독감에 시달리는 듯하였습니다. 지체 부자유로 인해 지팡이를 짚고 다니지 않는 분이 없었습니다. 그러나 그분들의 당하는 생활은 이미 말한 바와 같이 그분들 자신이나 다른 이들의 구원을 위해 매우 유익하고 필요한 것입니다. 이것은 하나의 진리입니다. 저는 이 진리에 대하여 지적 소유권을 주장하고 싶습니다.

당부의 말씀

이미 말씀드린 바와 같이 저는 주님께서 정해 주신 인

생의 상도˙에 따라 이 둘째 시기를, 곧 당하고 겪는 시기, 수동의 시기를 착실하게 보내고자 합니다. 안티오키아의 이냐시오 성인은 순교하러 가는 길에 로마인들에게 보낸 편지에서 당신의 순교를 방해하지 말라고 신신당부하셨습니다. 한마디로 '구명 운동을 하지 말라'는 것이고 '불필요한 호의를 베풀지 말라'는 것입니다. 그분의 말씀을 직접 들어봅시다.

"제가 생명을 얻는 데 방해하지 마십시오. 저를 죽음의 상태에 놔 두려 하지 마십시오. 하느님께 가고자 하는 사람을 세상에 던지지 마십시오. 물질로 유혹하지 마십시오. …… 하느님의 수난을 본받는 자가 될 수 있도록 해 주십시오. …… 제가 수난을 당한다면 여러분이 저에게 호의를 보인 것이고 수난에서 제외된다면 여러분이 저를 미워한 것입니다."

저도 이 성인과 같은 청을 여러분에게 드리는 바입니다. 제가 당하는 일을 방해하지 마십시오. 불필요한 호

---

* 상도常道: 항상 변하지 않는 떳떳한 도리, 항상 지켜야 할 도리.

의를 저에게 베풀지 마십시오. 물질로 유혹하지 마십시오. 물론 여러분의 애정과 위로는 거룩하고 아름다운 것입니다만, 좀 자제해 주셨으면 합니다. 그런데 저는 위대한 이냐시오 성인이 물질로도 유혹하지 말라고 하신 말씀을 따르되, 완벽하게 그분을 따를 수 있는 위인이 되지 못하므로 과일이나 저렴한 잡어 따위는 예외로 두려고 합니다.

맺음말

코헬렛 3장 7절에는 이런 말씀이 있습니다. "침묵할 때가 있고 말할 때가 있다."

지금은 말할 때라 생각이 되어 여러분께 말씀을 드렸습니다. 이게 어떤 기회입니까? 저로서는 10개월 만에 얻은 기회요, 앞으로 다시는 주어지지 않을 황금과 같은 기회가 아닙니까? 그러나 이제는 말할 때가 다 지나갔고 입을 다물 때가 온 듯합니다. 입을 다물기 전에 한마디만 더 하겠습니다. 다시 한 번 감사의 말씀을 드리고자 해서입니다. 주교님, 신부님들, 남녀 수도자 분들과 모든 형제자매님께 감사드립니다. 축하의 말씀을 해 주신 데 대하여 감사드리고 영적·물적 선물에 대해서도 감사드립니다. 그리고 따로 알리지 않았음에도 애정을 가지고 찾아오신 분들에게 진심으로 감사드립니다.

여러분을 위해 기도하겠습니다. 죽는 날까지 하겠습니다. 저는 표면에 드러나기보다 표 내지 않고 은밀히 기도하는 탈렌트를 받은 것 같습니다. 여러분 모두 제 기도의 덕을 다소간 입고 계신다는 것을 믿으셔도 좋습니다.

2003년 8월 17일

김창렬 주교